数学家思想历程丛书

大卫·希尔伯特

探索数学的生命

David Hilbert
Probe into the Life of Mathematics

王前 ◎ 著

大连理工大学出版社
Dalian University of Technology Press

图书在版编目(CIP)数据

大卫·希尔伯特：探索数学的生命 / 王前著.
大连：大连理工大学出版社，2025.2. --（数学家思想历程丛书）. -- ISBN 978-7-5685-5344-5

Ⅰ．K835.166.11

中国国家版本馆 CIP 数据核字第 2025GR2666 号

大卫·希尔伯特：探索数学的生命
DAWEI XI'ERBOTE:TANSUO SHUXUE DE SHENGMING

大连理工大学出版社出版

地址：大连市软件园路 80 号　　邮政编码：116023
营销中心：0411-84707410　84708842　邮购及零售：0411-84706041
E-mail:dutp@dutp.cn　　　　URL:https://www.dutp.cn

大连图腾彩色印刷有限公司印刷　　大连理工大学出版社发行

幅面尺寸：160mm×230mm	印张：10.25	字数：114 千字
2025 年 2 月第 1 版		2025 年 2 月第 1 次印刷

责任编辑：王　伟　李宏艳　　　　　　　责任校对：周　欢
　　　　　　　封面设计：冀贵收

定　价：39.00 元

ISBN 978-7-5685-5344-5

本书如有印装质量问题，请与我社营销中心联系更换。

目　录

引　言 /1

一　文化的沃土 /6

二　成才之路 /17

三　并非神学 /27

四　桌子、椅子、啤酒杯 /38

　　什么是公理？/38

　　为几何学重新奠基 /51

　　几何学之外的公理化 /62

五　"魔笛"的诱惑 /79

　　动人的"旋律" /80

　　辉煌的进军 /87

　　未解之谜 /99

六　我们必将知道？/106

　　"蛙鼠之战"的内幕 /107

　　　　来自哥德尔的冲击 /118

　　　　人的左脑的局限性 /122

　　七　人格的魅力 /133

　　　　数学家的正义感 /133

　　　　真诚的心灵 /139

　　　　在名利面前 /146

　主要参考文献 /154

　后　记 /158

引　言

如果要问:"谁是现代最伟大的物理学家?"有一定文化知识的人将脱口而出:"爱因斯坦!"如果再问:"谁是能同爱因斯坦地位相当的最伟大的数学家?"正确的回答应该是:"希尔伯特!"

希尔伯特同爱因斯坦有很多相似之处。他们都生长在擅长理论思辨的德国文化传统之中,都有着良好的哲学修养和艺术气质,都是在几个重要研究领域分别作出划时代的贡献,对同时代的科学家都有着巨大的影响,并且至今仍发挥着引导作用。

1914年,当德国政府让一批最著名的德国科学家和艺术家发表《告文明世界书》,拥护德皇的战争行动时,没有在上面签名的只有两个人:一个是爱因斯坦,另一个就是希尔伯特。读过爱因斯坦传记的人都知道,这个从小就对空间、时间、引力这些人们习以为常的概念苦苦思索的"怪人",最后引起了人类时空观念的变革。而希尔伯特呢?他居然从一个全新的角度来思考数学,对待数学,这就是要探索数学的"生命"。

数学不是生物,哪里来的"生命"?很多人认为,数学和物理学、化学一样,是研究无生命的物质世界的学问。"数理化"被认为是一切科学技术的基础学科。它们所描绘的世界是客观的、冷峻的、精确的、严格的,但却毫无生气。然而,希尔伯特在他一生的多次演讲中,却以一种近乎生物学家或生理学家的热情和兴致,谈论着数学的"有机"特性,谈论着它的生命力、它的"骨架"、"神经"、"脉搏"和"生长过程"。在希尔伯特眼里,数学是活的有机体,甚至具有某种类人的属性。这是不是希尔伯特演讲时的一种方便的比喻习惯呢?希尔伯特真的相信数学有"生命"吗?说希尔伯特在探索数学的"生命",似乎给人一种故弄玄虚之感,以为我们是有意摘取希尔伯特的思想和言论的某些方面,把他装扮成这个样子。因为数学从本质上似乎就是无生命的,"比喻归比喻,但不能当真!"

其实,即或希尔伯特真的仅仅是在比喻,他的有机的数学观也触及了某种极深刻的哲理。从数学发展的历史和现状来看,数学的确是有"生命"的,很多数学家、自然科学家、心理学家和哲学家对此都有同感,但难得有人看得像希尔伯特那样深刻,那样透彻。他的许多见解今天读起来仍然令人耳目一新。理解希尔伯特的思想并不很困难。人们只要略加思索就可发现,尽管有"数理化"的统称,但物理学、化学的对象是实在的物质世界,而数学世界则完全是一个人造世界。不能否认很多数学对象的原型来自物质世界,比如笔直的光线、水的平面、球形的月亮。但是,从纯数学意义上研究的所有数学对象,都具有理想化的人为的特征。有谁真的见过只有位置没有大小的点呢?有谁真的见过向两端无限延伸的直线呢?数学世界里还有不少甚至在物质世界(至少现在)还找不到原型的"怪物",比如有一种能填满整个空间的曲线(叫作"皮亚诺曲线"),有一种处处连续而又处处没有导数的函数。这些东西都是人造的,是属于人类这个具备有机特性的群体的。

人在构造数学世界的时候,就把自己的有机特性赋予这个世界,这看来是自然而然的事情。所谓数学的"生命",指的就是数学理论体系结构中具有的这种人类的有机特性。比如各种数学对象的变化发展具有类似新陈代谢的特征,数学各部分内容之间存在类似生物体内各部分之间的那种有机联系。人们在考察数学发展规律时,可以同生物有机体的特性作广泛而成功的类比。谈论数学的"生命",就像谈论艺术的"生命"一样,从中可以看到作为创造者的人类自己的影子。正因为这样,有相当多的数学家和科学家强调数学创造活动的艺术特征,注重数学成果的审美标准。人们发现,创造出来的数学符号似乎具有某种神奇的力量,即合适的符号本身又会带来革新和创造。让我们注意这样一个数学公式:

$$e^{\pi i}+1=0$$

这个公式意味着什么呢?e 是自然对数的底,π 是圆周率,i 是虚数。$e,\pi,i,1,0$ 是数学中五个最重要的常数。它们分别是在不同历史时期,从不同的角度确定的。然而它们之间却又存在如此简洁的关系,而这种关系是当初创造这些符号的人们完全没有想到的。无意中的创造最终导致惊人的偶合与奇妙的协调。如果不是一种类似生命现象的自主调节功能在起作用,又能作何解释呢?任何一种数学创造活动都是数学的"生命"的一部分,都要受到作为有机整体的数学理论体系的调控。而在数学有机整体的后面,是人类这个有机整体在发挥作用。数学的"生命"是人类生命特征的反映。

为数学的有机特性提供理论依据的,不是数学家,而是一位心理学家。他是出生在瑞士的让·皮亚杰(Jean Piaget)。皮亚杰以研究儿童思维的发展而闻名于世。他的研究成果竟然涉及数学的一些根本性问题。他的研究表明,很多相当高深的现代数学成果,实际上在儿童的智力活动中就有思想萌芽。比如现代著名的数学家群体——法国的布尔巴基(Bourbaki)学派,曾把全部数学归结为三种最基本的"数学结构"(代数结构、序结构和拓扑结构)。他们的理论十分深奥复杂,一般人很难弄明白。然而皮亚杰发现,这三种结构在儿童的心理发育过程中可以逐渐形成,每种结构都来自儿童实践活动长期形成的一定形式。尽管儿童对此并不自觉,但这个智力发育过程为日后的数学思维发展奠定了基础。我们还是谈一点直观的例子吧。凡是看过儿童绘画的人,大概都会有这样一个印象:儿童不会像成人那样掌握直线、平行、透视的关系。他们画的房子、汽车、娃娃比例不准,线条歪歪扭扭,但大体形状相似,并且很能传神,富有生气。绘画的孩子们绝没有想到,他们是在不自觉地实施一种高超的数学变换——"拓扑变换"(一一对应的双方连续变换),因为这个专业名词只有到大学数学系高年级才能弄清楚。在数学领域,儿童可以不自觉地接触最基本的数学结构,但绝不可能不自觉地出现有关量子力学或天体物理的思想萌芽。在经过大量研究和实验之后,皮亚杰得出一个惊人的结论:数学结构不是来自客观的物理世界,而是来自有生命的机体本身。数学结构是从人们对客观物体所施加的动作的最普遍的协调作用中抽象出来的,是人们不断建构和创造出来的。因此,数学和人的实践活动紧密相关,它在本质上必然具备有机特性。

希尔伯特大概未曾注意到皮亚杰对他的有机数学观在事实

上的支持。当皮亚杰的学说风靡世界的时候,希尔伯特早已不在人世了。然而,皮亚杰的工作确实表明,探索数学的"生命"是一个有根据的、充满希望的、值得大力开拓的研究方向。希尔伯特正是抓准了这个方向,才能够在几个重要研究领域都作出划时代的贡献。在这个方向上探索,需要具备深刻的哲学思想、精湛的学识和对人类思想文化传统的全面理解,而这正是成就一个伟大的数学家的必要条件。希尔伯特成功的秘诀就在于此。希尔伯特留给后人的重要启示也在于此。

由于希尔伯特的崇高声望,近几十年来,曾出现过有关希尔伯特生平和成就的大量著述。本书只是开辟了一个观察研究希尔伯特思想方法的新的视野。同其他领域的伟人一样,希尔伯特有他自己思想和生活的各个侧面。本书力图把作为哲人数学家的希尔伯特真实地展现在读者面前。探索数学的"生命",是一件奥妙无穷的事情,这里还有许多问题没有解决,还有不少细节没有弄清楚。希尔伯特开创的这个有着神奇色彩的研究方向,为后人展示了诱人的前景。沿着这条路走下去,人们将发现什么?可能收获什么?风险如何?价值如何?当希尔伯特的追随者和仿效者思索这些问题的时候,但愿本书能给他们一点小小的帮助。

一　文化的沃土

1862年1月23日13:00，一个孩子出生在东普鲁士首府哥尼斯堡（现俄罗斯加里宁格勒），他是希尔伯特家族的后代，他的名字叫大卫·希尔伯特（David Hilbert），他一生的光辉历程从此开始了。

描述数学家非凡经历的传记故事，大都以年代线索为主线，在这条线索上编织着数学天才小时候的逸闻趣事、青少年时代的杰出才能、作为数学家的突出成就、晚年的荣誉和声望。整个传记读起来像是数学家的"英雄史诗"，从出生到去世都有着普通人不曾有过的辉煌。这是一种近乎"神化"的描述，没有时代背景的影响，没有社会因素的制约。如同一颗耀眼的"新星"，不知什么时候偶然地亮了起来。欧几里得（Euclid）、帕斯卡（Pascal）、牛顿（Newton）、高斯（Gauss）……都是这样的"新星"，给人感觉似乎他们的差别仅在于出生时代不同和成就内容相异，其余方面的"模样"都很相像。这样的描述在数学家和大众之间划出了一道鸿沟，很可能无形之中窒息了许多潜在的数学天才成名成家的勇气和信心，至少也使数学家的思想、观念、品德和能力难以影响大众，未能变成全社会共有的精神财富的一部分。因此，有必要按照数学家的思想、工作和生活的本来面目描述数学家，既看到他们超乎常人的一面,又看到他们等同于常人的一面。更重要的是,了解他们是如何由常人变成杰出人物的。作为这种描述的第一步,应该把数学家的成长置于时代背景上,从社会的文化角度加以考察。任何数学家的出现都是时代的产物,都是一定的社会环境和文化传统孕育的产物。认识到这一点,对于全面了解数学家的思想、工作和生活,有着十分重要的意义。

沿着这样一个思路来考察希尔伯特的成长过程,就会发现一个重要的事实:希尔伯特诞生在一片极富营养的文化的沃土之上。正是这片沃土中的各种思想营养,造就了希尔伯特所特有的精神、气质、品格和思维方式,促成了他沿着特定方向发展自己,最后成为现代最伟大的数学家之一。在考察希尔伯特的一生经历之前,先来勘察一下养育他的这片文化的沃土,这种做法或许有些不合常规,但正因为它不合常规,也许能看到一些寻常看不到的东西,给人们一些新的启示。

希尔伯特的出生地哥尼斯堡距离波罗的海不远,布勒格尔河流经市区,在 4 英里①以外入海。这里是普鲁士王国的发祥地。它的工商业很发达,而且有一所著名的大学。伟大的哲学家康德(Kant)的一生大部分时间都在这里度过。人们重视生活,重视理性,强调"发自内心的信仰"。德国人的抽象和思辨能力素来发达,一般的民众都对哲学和自然科学饶有兴趣。据说,当康德的《纯粹理性批判》出版后,甚至成为贵族夫人和小姐梳妆台上显示"学问"的装饰物,这种雅兴在别的国家里是很少见的。德国人又

---

① 1 英里=1.609 千米。

是酷爱音乐的,他们通过音乐来寄托和宣泄自己的情感。文学艺术方面的修养,成为人的文明程度的标志之一。希尔伯特出生的时代,正是普鲁士王国雄心勃勃向外扩张的时代。就在他出生的那一年,普鲁士国王任命奥托·冯·俾斯麦(Otto von Bismarck)担任首相,并开始了用战争手段统一德国的行动。"铁血首相"的军事行动需要强大的经济力量作为后盾,这在客观上刺激了工商业的发展,进而带动了科学、文化和教育事业。尽管穷兵黩武带来了社会的动荡不安,但学校里的生活还是相对平静的。普鲁士政府对学校教育在思想上严格控制,这使得很多有自由思想的学者只能以晦涩曲折的形式表达自己的观念。不过,学校教育和科学研究当时已在很大程度上制度化。由一个素质优秀的儿童成长为一个杰出数学家的外界条件,基本上已经具备。因此,希尔伯特出生后的社会环境,并没有给他带来什么磨难。

有幸作为哲学家康德的同乡,对于希尔伯特来说是难得的优越条件。哥尼斯堡人都把康德看成本市最伟大的居民。每年4月22日是这位哲学家的诞辰,靠近哥尼斯堡大教堂的地下圣堂对公众开放。希尔伯特的母亲总要领着年幼的希尔伯特前去瞻仰被月桂花环绕的康德的半身像,一字一句拼读圣堂墙上的格言:

"有两种东西,我们对它们的思考越是深沉和持久,它们所唤起的那种越来越大的惊奇和敬畏就会充溢我们的心灵,这就是头上的星空和心中的道德律。"

希尔伯特的母亲是一个不寻常的女人,用德国人的说法是

"一个怪人"。她不仅对哲学和天文学很有兴趣,而且被素数弄得着了迷。母亲的影响自然使希尔伯特自幼崇尚康德的哲学。直到晚年,他在哥尼斯堡自然科学家大会上做关于"自然认识与逻辑"的演讲时还说:"我认为,在本质上,康德认识论的基本思想也体现在我对数学原理的研究中。"

康德哲学究竟在多大程度上影响了希尔伯特,这一点并没有明确记载。希尔伯特成年之后,并不赞同康德把数学知识看成先验的知识的观点,他认为"康德过高地估计了先验物的作用和范围。"事实也确是如此,现代数学和物理学的发展已表明,康德关于时间、空间和几何学先验性的观点是站不住脚的。但希尔伯特也有赞同康德的地方。他说:"我们是和……康德一致的。康德早已告诉我们(而且这是他的学说的主要组成部分之一),数学有其与逻辑无关的可靠内容,因之不能只靠逻辑建立起来。"然而,康德哲学对希尔伯特最大的影响,可能主要还是理性批判、独立思考的精神。康德关于人的思维能动作用的理解,也可能对希尔伯特的数学创造活动有深刻的启发。至于希尔伯特认为数学作为有机整体的生命力在于各部分之间联系的观点,是否直接来自康德的影响,这是不得而知的。不过,从亚里士多德(Aristotle)开始的欧洲学术传统中,一直都有整体论和系统思想的萌芽在生长。希尔伯特早先的同胞,既是数学家又是哲学家的莱布尼茨(Leibniz),就曾从这一角度阐述其"单子论"思想,而康德则是提出人类知识的整体性和系统性的先驱。在康德看来,用作为系统整体的目观点来看待和研究事物,对于深入揭示自然的奥妙大有好处。这些思想观念,对于爱好哲学的数学家来说,都是得心应手的武器。希尔伯特的许多言论中有很明显的辩证思维特征。

不过,这很少有可能来自辩证法大师黑格尔的影响。也许是由于黑格尔的数学知识水平很差,大多数德国数学家和自然科学家对他本人及他的学说都不感兴趣。康德可是既能讲哲学课又能讲数学课的。况且他在学术生涯的前半段还算得上是一个自然科学家。他的"星云假说"轰动了整个科学界。光是这一点就足以得到科学家的信赖。

除了德国优秀的哲学传统之外,还有必要留心一下德国优秀的艺术传统。在希尔伯特诞生之前,德国出现了伟大的音乐家贝多芬(Beethoven)、伟大的作家歌德(Geothe)和伟大的诗人海涅(Heine)。在这之前,欧洲还出现了巴赫(Bach)、海顿(Haydn)、莫扎特(Mozart)。当时艺术上的巨人也像科学上的巨人一样层出不穷。欧洲的科学家中很多人在艺术上也有很高造诣,德国的科学家尤其如此。希尔伯特在与友人的思想交流中,时常涉及数学、自然科学与艺术的广泛话题,思考的深度经常使在场的学生心悦诚服。希尔伯特酷爱音乐与舞蹈,尤为喜欢响亮的音乐,这可能与他那热情乐观的性格有关。他经常去听音乐会,其音乐知识和欣赏能力给人以深刻的印象。他喜欢荷马和歌德的诗,有时也喜欢读小说,但必须包含实在的情节。他对艺术的理解有时也移植到数学思考之中,比如认为数论是人类智力和精神的最奇妙的创造,既是一门科学,又是最伟大的艺术。希尔伯特的艺术修养与他的科学活动之间并不是彼此无关的,而是有着非常深刻的联系。数学与艺术的相通之处,在于它们都是人类创造性思维活动的高度体现,都需要丰富的想象力、即兴的灵感和只能意会不能言传的直觉。特别是音乐的音符,犹如数学的符号,从形态上看是抽象的,但其寓意是具体的。数学符号组成的公式的具体含义,需要在应用中结合实际问题加以理解,恰如听音乐时需要听众结合自己的情感体验加以理解,把自己以往的观念、经验和对人生的全部感受加进去体会其意义。贝多芬的《命运交响曲》,在不同的人听来,甚至在一个人的不同年龄听来,都会有不同的感受,恰如一个数学定理可以应用到物理学、化学、生物学等性质大不相同的各种问题上一样。德国优秀的艺术传统,对于伟大的科学思想家的诞生,是一个相当重要的条件,因为艺术修养能够激发想象力和创造力,为新思想的产生和发展提供巨大的活力和广阔的空间。这种艺术传统不仅造就了希尔伯特,也造就了爱因斯坦(Einstein),以及同时代的一大批最优秀的科学家。

当然,对于希尔伯特的成长来说,最重要的文化传统还是科学传统。德国有不少著名的大学,它们的声望和发展往往同一些著名科学家联系在一起。与希尔伯特的成长有较大关系的前人,是被尊称为"数学家之王"的高斯,他出生在德国不伦瑞克邦,他的学习和研究活动得到了不伦瑞克公爵斐迪南的资助,这使他得以进入哥廷根大学,在那里取得了许多举世公认的成就。高斯的成就使这个小城市里的大学变得赫赫有名,一些杰出的科学家相继来这里工作,或由这里产生。哥廷根的学者甚至自豪地宣称:"哥廷根以外无生活。"正是这所大学后来成为希尔伯特长年工作的基地,学术上的第二个故乡。从高斯开始的哥廷根学术传统,后来在希尔伯特手中达到了登峰造极的地步。值得注意的是,德国当时的数学和自然科学研究,在理论和应用上是比较平衡地向前发展的。直接应用于生产和经济活动的研究得到了很大支持,而像数论这样的纯粹数学分支,在研究活动上也有充分的保障。曾经在希尔伯特的故乡哥尼斯堡任教的数学家雅可比(Jacobi)

曾讲过一段著名的话:"傅立叶先生确实有过这样的看法,认为数学的主要目的是公众的需要和对自然现象的解释;但是一个像他这样的哲学家应当知道,科学的唯一目的是人类头脑的光荣,而且应该知道,在这个观点之下,数的问题与关于宇宙体系的问题具有同等价值。"希尔伯特晚年对这段话推崇备至,认为"无论是谁,只要领悟了闪烁在雅可比的话语中的丰富思想和哲学真理,他就不会堕入倒退和不毛的怀疑主义。"在雅可比生活和希尔伯特出生的年代,德国的经济正在复苏,工商业有了迅速的发展,人们对物质财富自然是重视的,但科学的发展中并未出现急功近利的倾向。如果当时的数学家由于研究方向过于"纯粹"而为生计犯难或对数学失去兴趣,那就不会出现高斯和雅可比,更不会出现希尔伯特。

值得注意的还有当时的教育状况。普鲁士王国的教育在当时德国各邦中发展较快,1816 年就提出"中学教育目的在于使各种能力协调发展"的主张。当时在中学五年级(相当于高中二年级)就讲了无穷级数初步、球面三角等知识,在中学六年级(相当于高中三年级)讲了三次和四次方程、级数、概率论、应用数学等知识,可见教学内容的层次很高,这是向高水平的法国数学教育学习的结果。当时的学校里还设拉丁语、希腊语、历史、哲学、神学等课程。按照当时的教育观念,学习拉丁语和希腊语能发展人的心智,获得从事所有精神活动的技能。语法能使人有条不紊地思维,诗歌能培养审美观和鉴赏力。学习历史和哲学会扩展人的眼界,为恰当地理解现实提供基础。而学习数学和学习那两种古老语言一样,是一种智力体操训练。这种着眼于全面的文化素养的教育观念,直接联系着从古希腊开始的,经由文化复兴和宗教改革而不断发展的欧洲学术传统,为学生从各种角度继承前人的文化遗产打下了坚实的基础。以上这些社会因素,对希尔伯特的同时代人都是同样起作用的。但希尔伯特能够成为一个数学家,除了充分利用了这些优越条件之外,还有属于他个性的一些因素,这在很大程度上是家庭影响的结果。这不仅仅是指他母亲对哲学、天文学和数学的爱好(没有明确的资料表明希尔伯特是在他母亲的开导下成为数学家的。他本人从小就迷恋数学)。或许他父亲给他的非数学方面的影响更为重要。希尔伯特的父亲是一个法官,对子女的要求严格而认真。他对儿子的早期教诲,强调培养普鲁士人的传统美德,即守时、守信、勤奋、节俭、遵纪、守法。他的要求有时近乎苛刻,比如每天要走同一条路。除了每年一次到波罗的海海滨度假之外,要在哥尼斯堡扎根,不准越雷池一步。希尔伯特的父亲希望儿子学法律,将来继承父业,却遭到了拒绝。希尔伯特后来在哥廷根大学扎下根来之后,不仅从未离开心爱的数学,甚至很少离开哥廷根。他的守时、守信、勤奋、节俭等优点,也都来自父辈的影响。一旦认准一个方向就执著地追求,并以坚强的性格、超人的毅力、无休止的进取心和克服一切困难的勇气作为保证,这就是现在通常所说的"非智力因素"的功能。它实际上也是一种文化传统的反映,一种植根于民众世代生活之中的美德潜移默化经久不衰的体现。

如果把以上这些因素从数学角度联系在一起,那么,"康德的理性批判精神",加上"贝多芬的自由奔放的想象",加上"高斯在数学和物理学上的深刻思想",加上"注重全面的文化素养的教育",加上"勤奋、认真、刻苦的优秀品质",加上……,最终的"和"应该是什么呢?换言之,所有这些社会的文化的因素结合在一起,最终会构成一种什么东西,决定了希尔伯特一生的发展方向和成就呢?诞生了希尔伯特的这片文化的沃土,从根本上讲功能何在呢?所有这些因素当然都不能直接作用于希尔伯特学习和研究数学的活动。它们必然要通过某种中介起作用,而这种中介是独特的,专属于希尔伯特的,它使希尔伯特成为希尔伯特而不是别的什么人。这个中介就是希尔伯特所特有的"思维方式"。

在人的诸种特征中,"思维方式"或许是最难琢磨的东西。它是多种社会的文化的因素综合作用的产物,是凝结了多种思想观念、精神气质、生活阅历和实践经验的抽象物,是一种潜在发挥作用的模式化的东西。但它影响人们思维活动的方向、内容和结果,进而影响人们的行为及其后果,影响个人以至社会的物质生活和精神生活。每个人都有其特定的思维方式,它在很大程度上决定了一个人的思想状态、生活道路和社会贡献。要想全面准确地概括希尔伯特的思维方式并不容易。他本人和周围的人都没有对此作专门的研究和论述。然而有关的体验和感受是明显存在的。从这里可以看出希尔伯特思维方式的基本特征,并"破译"决定这种思维方式的"文化基因"的"密码"。

希尔伯特的得意门生、著名德国数学家赫尔曼·外尔(Hermann Weyl)非常钦佩希尔伯特的写作风格,认为这反映了他特有的思维方式。外尔的感受是富有诗意的:"仿佛是在一片阳光灿烂的开阔土地上疾步穿行;在需要攀登一座山峰之前,放眼环顾,山石的轮廓和连通的道路都一目了然;然后,你就可以取径一直向上,没有迂回曲折,也不容徜徉自在。"

作为比较正式的评论，外尔指出了希尔伯特的若干思想特征，包括他对理性的崇尚，对科学的崇高价值的不可动摇的信念，敏锐的但并非怀疑主义的批判能力，提示别人的惊人力量，清晰明快的思考与表述方式。他说："数学的问题并非真空中孤立的问题，在其中有着思想的生命在搏动，它通过有史以来人类的努力具体地实现它们自己，并超越任何特殊科学形成一个不可分离的整体。希尔伯特有力量唤起这个生命，通过它，他测量他个人的科学成就，并在他自己的周围感到对它的责任。在这个意义上，而不是在依附于某一个现成的认识论或形而上学学说的意义下，他是一位哲学家"。这就是说，从哲学意义上感受并唤起数学的生命，是希尔伯特的更为本质的思想特征。以上这些思想特征大体上构成了希尔伯特的思维方式的主要方面，而其中起主导作用的思想特征，正是对数学思想的生命的探索。

　　希尔伯特这一思维方式的形成，如果孤立地来看，是颇为奇怪的。如果放到时代背景上，从社会的文化的角度加以考察，就是很自然的事情。如果没有德国哲学传统，特别是康德哲学的影响，希尔伯特很难成为一个哲人数学家。他对数学思想的生命的感受和探索，从本质上讲是一种哲学思维活动，是对数学的本质和发展规律的哲学思考。希尔伯特的演讲中有着明显的哲学色彩，其思考的深度和广度远远超出一般的数学家，而这正是他能够在数学发展中高瞻远瞩，成为整个数学界带头人物的一个关键因素。如果没有德国的艺术传统，特别是音乐、诗歌方面的修养，希尔伯特很难具有对数学的生命的深刻领悟力、丰富想象力和激动人心的表达方式。从他的清澈明快的语言中，可以体会到诗歌的韵律和音乐的魅力。没有深厚的艺术修养，就无法使被常人以为枯燥无味的数学在教学和研究中"活"起来。如果没有德国的科学传统和教育传统，希尔伯特难以具备彻底的理性精神和全面的文化功底，难以在纯理论与应用之间保持一种恰如其分的平衡，难以形成强有力的逻辑推理与创造性的独立思考相结合的能力，而这些都是作为一个优秀数学家必不可少的条件。希尔伯特的思维方式，综合了养育他的这片文化沃土中的思想精华，形成了他自己的特色。与同样社会环境中的同时代人相比，他在这片文化沃土中吸收的思想营养最为精炼，组合得最为完美、巧妙。同时代人可能在一个或几个方面与他类似，但他是全才，他得益于他的思维方式各个方面之间相互联系、相互促进的有机特性。在这片文化的沃土上，生长出一个数学家的出类拔萃的学术生命，而他的学术生命同数学的生命是相贯通的。

为了未来的"希尔伯特"有更顺利的路可走，我们下面来考察当时的希尔伯特的成才之路。

二　　成才之路

很多数学家小时候都显露出很高的数学天赋。帕斯卡、牛顿、莱布尼茨、高斯、阿贝尔(Abel)、伽罗瓦(Galois)……，都是有着传奇色彩的数学"神童"。希尔伯特小时候却没有这样突出的表现。在这一点上，他和爱因斯坦倒有点类似之处。据说，爱因斯坦小时候智力表现一般，沉默寡言，应付学校里的教学大纲并不出色，很少引起教师的注意。希尔伯特也是如此。在领悟新概念方面，他并不很快，记忆力也较差。对于要死记硬背的课程，特别是语言课，他缺少兴趣。但是他相当用功。每当要理解一件事情时，他总要通过自己的消化把它彻底搞清楚，否则决不罢休。他对数学发生兴趣的原因之一，在于数学用不着死记硬背，而是可以通过逻辑推导，因而比较容易掌握。希尔伯特的家里人都觉得他有点怪。他的母亲要帮他写作文，可是他能给老师讲解数学问题，家里没有一个人真正了解他。

希尔伯特小时候才华未外露的一个重要原因，是他开始时的学校环境并不太适合他。他的父母为他选择的皇家腓特烈预科学校名声极好，康德本人就是该校的毕业生。但这个学校课程因循守旧，语言课比重很大，数学课分量很少，而且不讲自然科学。在学校里，几乎没有机会独立思考和发表个人见解。直到预科学校最后一学期开始的时候，希尔伯特才转到威廉预科学校。这里的环境大大改善了，不仅注重数学，甚至讨论几何学的新发展。希尔伯特的学习成绩明显进步，几乎所有的课程都获优等成绩，而数学成绩则得了"超等"。在他的毕业证书后面的品行评语写道，他的勤奋"堪称模范""对数学有浓厚的兴趣""他对数学表现出极强烈的兴趣，而且理解深刻：他能以极好的方法掌握老师讲授的课程，并能正确地、灵活地运用它们"。到这个时候，一个未来的数学家的形象已见端倪了。

希尔伯特18岁时，进入哥尼斯堡大学（现加里宁格勒大学）。这是一所具有优良科学传统的大学，著名的数学家雅可比曾在这里执教。他的接班人是里谢洛（Richelot），此人既在多周期函数理论方面作出杰出贡献，又把魏尔斯特拉斯（Weierstrass）由一个普通中学教师变成了职业数学家。被誉为"现代分析之父"的魏尔斯特拉斯，早年尽管在数学研究上成就卓著，但由于没有学位，当了十多年中学教师。里谢洛发现了他，并说服哥尼斯堡大学授予他名誉博士学位，这一重要转折从根本上改变了魏尔斯特拉斯的命运。

哥尼斯堡大学里还有一位多才多艺的理论物理学家弗朗茨·诺伊曼（Franz Neumann），他创立了德国大学里第一个理论物理研究所，并开创了讨论班（seminar，音译为"习明纳尔"）这种学术活动形式。这种形式在培养创造人才方面有着重要作用。哥尼斯堡大学在数学和理论方面的优良传统，对希尔伯特后来的学术发展有着深刻的影响。

大学的生活对于希尔伯特来说简直太自由了。教授想讲什么课就讲什么课,学生想学什么课就选什么课。这里不规定最少必修课的数目,不点名,平时也不考试,直到为取得学位才考一次。意想不到的自由,使不少大学生把第一年时间都花费在饮酒和斗剑上。魏尔斯特拉斯年轻时就是饮酒和斗剑的好手,并因此一度荒疏学业。德国啤酒的醇香和德国人的豪饮是举世闻名的。象征着青春活力和强健体魄的击剑,也成为大学生迷恋不舍的传统活动。但这一切都没有引起希尔伯特的热情。他全身心地投入数学王国,从中发现了在精神上可以自由发展的新的天地。没有随波逐流,是希尔伯特成长中的关键因素。他走着自己的路,孜孜不倦地追求真理,这种执着精神贯穿了他的一生。

希尔伯特在大学时接触到的一些老师,给他以深刻的影响。哥尼斯堡大学当时只有一位数学教授赫尔曼·韦伯(Hermann Weber),他在数论和数学物理领域都取得了重要成就。韦伯的研究范围相当广泛,从相当抽象的代数、函数论,到与力学和物理学接壤的偏微分方程理论及应用,他都有全面而深入的了解。这种知识结构在希尔伯特身上得到了继承,而且希尔伯特后来比他的老师兴趣更广泛,对各数学分支之间的联系也有更透彻的理解。

希尔伯特在大学第二学期,曾转到海德堡大学听课。在那里他见到了当时已负盛名的拉扎勒斯·富克斯(Lazarus Fuchs)。富克斯的讲课方式与众不同。课前他不大作准备,因为他习惯于在课堂上把自己置于险境:对要讲的内容,现想现推。搞不好,这是可能"挂黑板"的,就是说一时推导不出来而下不了台。但学生对这样的授课印象极深,正如富克斯的一个学生后来写道,这样可以使学生"得到了一个机会,瞧一瞧最高超的数学思维的实际过程"。或许就是在这样的课堂上,希尔伯特开始体会到活生生的数学的存在,意识到各部分数学知识之间的有机联系。希尔伯特后来成为数学教授时,他讲起课来也是采取这种方式。他备课方式非常简略,有时会把课讲砸了,有些理论细节推不出来或推错了,被缠在黑板前不得脱身。但学生非常喜欢目睹希尔伯特充满哲理、机智和技巧的思维过程。哥廷根大学的一般人都承认,这里没有一个教师能赶得上希尔伯特。

希尔伯特在大学期间,还得益于与赫尔曼·闵可夫斯基(Hermann Minkowski)和阿道夫·赫维茨(Adolf Hurwitz)的交往。他们三个人后来成为非常亲密的朋友。闵可夫斯基是希尔伯特的同学,他比希尔伯特小两岁,可出名很早,18岁就和著名英国数学家亨利·史密斯(Henry Smith)分享了巴黎科学院的数学科学大奖。他与希尔伯特的思想交流并不局限于数学,而是涉及科学、哲学、社会和人生的各个方面。这是一种心灵的沟通。赫维茨是希尔伯特和闵可夫斯基的老师,但比他们大不了几岁。他像闵可夫斯基一样有着数学天资早熟的盛名。他的特点是:性情温和、谦逊、朴实,在数学上有着坚实的基础知识和深刻的见解。这三个人每天下午五点钟,准时相会到苹果树下,一边散步,一边谈论着对数学各个领域的理解、想法和研究计划。这种悠然自得的学习方式,其效果要比钻在昏暗的教室或图书馆里啃书本不知道好多少倍。两千多年以前,古希腊的伟大哲学家亚里士多德经常边散步,边给弟子们讲课,由此获得了"逍遥派"的美称。希尔伯特和他的朋友们颇有这种遗风,数学创造的巨大活力从这里不断涌出，推动他们勇敢地迈进数学王国的广袤的未知世界。

希尔伯特后来回忆说："那时候没想到，我们竟会把自己带到这么远。"

在经过整整八个学期的大学生活之后，希尔伯特面临着学位论文的选择。这是大学毕业并获得博士学位的关键一步。在他的老师费迪南德·冯·林德曼（Ferdinand von Lindemann）指导下，希尔伯特选择了关于某些代数形式的不变性质的问题。这是一个既有难度又有希望解决的课题。希尔伯特显示了他的卓越创造才能。他选择了一条别出心裁的证明途径，和一般人相信能引出结果的办法完全不同。漂亮的结果得到了林德曼的赞扬。1885年2月，他顺利地成为哲学博士。

德国的教育制度，在选择教师方面是相当严格的。如果仅仅是哲学博士，甚至连给学生讲课的资格都没有。必须再作出一件有创造性的数学研究工作，得到教授会的满意，才可以成为讲师。但大学并不付给讲师有保障的工资。讲师的工资是由愿意选听他讲课的学生的学费来维持的，这样生活上必然有很多困难。如果有幸成为副教授，可以从大学领取工资。最后一个台阶是成为正教授，这是相当困难的，因为大学里教授的位置很少，并且在位的教授只有在去世、退休或调离之后，别人才有可能补上这个空缺。随着教育事业的发展，讲师当然越来越多，但真正能升任教授的却寥寥无几。据说当时不少讲师都持有一本全体正教授的名册，上面注明他们的年龄和身体状况，以便盘算什么时候哪个学校会出现一个空缺。为了应对这种前途未卜的局面，年轻的博士也可以通过一种国家考试,获得在预科学校(中学)教书的资格,希尔伯特也参加了这种国家考试。但他的目标仍然是在大学里一个台阶一个台阶地走上去。这是一种"天生我材必有用"的自信心,它对一个人在学术上的成功是至关重要的。

希尔伯特在学术生涯开始时的另一个举措,是拜访当时的数学大师。通过与世界一流的数学家直接接触,不仅会学到许多书本上学不到的东西,而且能鼓起前进的勇气,明确奋斗的目标。希尔伯特在23岁到24岁时,曾进行过一次"学术旅行"。他拜访了不少当时赫赫有名的数学家,与这些人直接进行思想交流,获得了巨大的启发和教益。而这些人对他也留下了深刻的印象。

希尔伯特拜访的第一位大数学家,是当时数学界的传奇式人物菲利克斯·克莱因(Felix Klein)。菲利克斯·克莱因23岁就成为埃尔兰根大学的正教授。他在数学研究中硕果累累,主要成就是在非欧几里得几何学(简称非欧几何学)、群论、代数方程论、函数论等领域中获得的。他提出的"埃尔兰根纲领",从变换的观点和群论的角度,把当时众多的几何学统一到一个原理基础上,这是几何学发展中划时代的进步。学生评论说,菲利克斯·克莱因擅长纵观全局,他能在截然不同的问题中洞察到统一的思想,并有一种集中必要的材料来阐明其统一见解的艺术。菲利克斯·克莱因还具有卓越的学术活动组织才能,以及打破纯粹数学与应用科学之间壁垒的魄力。他的这些优良品质,特别是关于数学的内在统一性的深刻见解,对希尔伯特日后的发展有很大影响。希尔伯特仔细听了菲利克斯·克莱因的课并参加了一个讨论班,而希尔伯特在讨论班上的报告也引起了菲利克斯·克莱因的重视:"一听他的报告，我就知道他是一个数学方面的后起之秀。"

希尔伯特拜访的第二位大数学家是庞加莱(Poincaré)，当时法国数学界最杰出的人物之一。他的研究活动遍及当时数学所有主要领域，并且在物理学方面也有杰出贡献，而且还是很有影响的科学哲学家。著名数学史家埃里克·坦普尔·贝尔(Eric Temple Bell)评论说，庞加莱是"最后一位通才"，意思是说，由于科学的迅速发展，以全部数学为研究领域的数学家，最终会达到其能力的极限，而庞加莱就是位于极限上的人物。庞加莱有着丰富的哲学思想，并且对数学创造思维活动的规律有独到的见解。他作为哲人科学家的形象，对希尔伯特也有深刻影响。庞加莱对于希尔伯特的来访，只是礼节性的接待和回访。他对希尔伯特的重视，是在希尔伯特后来取得一系列突出成就时才形成的，但这并未影响开始时希尔伯特对庞加莱的崇敬心情。

希尔伯特还拜访了查理斯·埃尔米特(Charles Hermite)，一个21岁就取得重大成就，然而一生下来右腿就有残疾，要拄杖行走却不停进取的伟大数学家。埃尔米特待人十分热情友好，同希尔伯特进行了深入细致的学术讨论。希尔伯特在说到对这位当时已64岁的老人的印象时说："埃尔米特谈论其他非科学主题的方式说明，在他那年老的心中保持着青春的活力。"庞加莱对埃尔米特的评论是："与埃尔米特先生谈话，他从不唤起具体的形象；然而你很快就发觉，最抽象的本质对于他也像活着的生物一样。"希尔伯特很难说通过第一次拜访就接受了这种气质，但潜移默化的影响从这个时候起就已经开始了。

希尔伯特在柏林拜访了令人生畏的克罗内克(Kronecker)，一个身体瘦小却脾气乖戾的老头。他习惯用尖酸刻薄的语言攻击那些在数学上反对他的人。魏尔斯特拉斯差点儿让他弄得老泪横流。他的学生，集合论的创立者康托尔(Cantor)在他的无情攻击下住进了精神病院。有人提醒过希尔伯特，不要指望会受到克罗内克的欢迎。但出人意料，希尔伯特受到克罗内克非常友好的对待。克罗内克身上还是有不少好品质值得学习的。他的主要研究领域是数论和代数，在二次型理论和椭圆函数研究方面取得很大成就。他在哲学上具有怀疑论倾向，这是他在学术上喜好争论的思想根源之一。希尔伯特在代数方面的研究深受克罗内克影响，并把自己的研究成果的重印本定期寄给克罗内克，以表示对这位学术前辈的敬意。同学术界难处的前辈友好相处，向有着明显弱点的学者认真学习其难得的优点，是希尔伯特不断取得进步的重要原因之一。

在学术旅行途中，希尔伯特还见到了卡米尔·约当(Camille Jordan)、让·加斯东·达布(Jean Gaston Darboux)等著名数学家，受到的接待都是热情而友好的。当然也有令人扫兴的事情，当希尔伯特前去拜访皮埃尔·奥西安·博内(Pierre Ossian Bonnet)时，这位已经67岁的老数学家却没有谈出什么，显然他对数学已没有兴趣。

希尔伯特获得讲师资格后，于1888年进行第二次学术旅行。这一次他首先拜访了当时被称为"不变量之王"的保罗·果尔丹(Paul Gordan)。果尔丹聪慧机敏，很重友情，特别喜欢同年轻人交往。希尔伯特同果尔丹的接触，导致了他的第一次重大数学成就,即解决著名的"果尔丹问题",这件事情的详情我们后面还要提到。希尔伯特在这次学术旅行途中,拜访了富克斯、魏尔斯特拉斯,以及著名物理学家赫尔姆霍茨(Helmholtz)。他又重访克罗内克,但这位老人在学术上的专横武断已使他感到不快。尽管如此,他仍然同克罗内克就数学思想方法问题进行了详细讨论。

学术旅行给希尔伯特带来的好处是十分巨大的。通过拜访数学大师,希尔伯特了解到了存在于数学大师头脑中的活的数学;了解到他们如何生活,如何思考,如何做研究工作;了解到数学研究前沿是怎样一种情景。希尔伯特能够意识到,自己是适合成为这个学术圈子里的成员的,而且有能力像这些数学大师一样工作并取得重大成就。直接的接触消除了昔日对伟大数学家神秘的敬畏感,增强了自信心。希尔伯特以矫健的步伐,进入了德国数学界,顺利地走上了成功之路。

希尔伯特的成长过程并无传奇色彩。他是一步一个脚印地前进的。他充分利用各种机会,在各种可能的条件下,尽最大的努力,取得最佳的结果。这是千百万数学工作者走过的路。而希尔伯特比其他的人做得更认真,更出色。他不依赖天赋才能,反而创造条件激发了他那潜藏的天赋才能;他不依赖优裕的环境,反而创造条件改善了自己的环境。对于绝大多数从小未被认定为"数学天才"的普通人来说,希尔伯特是最好的榜样。沿着希尔伯特走过的路,也许会有新的潜在的"希尔伯特"脱颖而出。

希尔伯特的成才之路,也有不同凡响之处。他顽强地追求自己的既定目标,有意识地同杰出的数学家接触,使自己一开始就置于最高水平的思想交流之中,通过这种方式了解数学思维的真实发展过程,了解到活的数学的存在。这是很多只注重书本知识和纯数学逻辑推导的数学工作者往往忽视的。有些数学工作者或者是出于对数学大师的敬畏,或者是由于对数学大师的思想观念、品格、气质、工作作风等方面不感兴趣,认为这些东西与数学无关,因而他们一生中都不曾与数学大师有过直接的思想交流,而仅仅是从数学大师的成就中获得一些间接的片面的了解。要知道,作为研究成果的著作或论文,毕竟是定型了的思想产物,是"熟"了的东西而不是有生命的东西。数学的生命存在于数学家的头脑和生活之中。如果眼睛只盯在"熟"了的研究成果上,哪里能见到活生生的数学?很多像数学大师一样刻苦勤奋的数学工作者,为什么未能获得预期的成就呢?比较一下希尔伯特的成才之路,或许能找到答案,至少是找到令人深思的启示。

三　并非神学

1888 年,在希尔伯特拜访了"不变量之王"果尔丹之后,他开始向著名的"果尔丹问题"发起进攻。初战告捷,而且问题是以一种完全出人意料的方式解决的。

"果尔丹问题"涉及代数不变量领域,这是希尔伯特在作博士论文时就接触过的。但当时他解决的是一个较小的问题,而"果尔丹问题"则是整个数学界都瞩目的难题。

关于代数不变量的研究,从 18 世纪就已经开始了。英国数学家乔治·布尔(George Boole)、阿瑟·凯莱(Arthur Cayley)和詹姆斯·约瑟夫·西尔维斯特(James Joseph Sylvester)在 19 世纪系统地建立起不变量的理论。果尔丹则把这项研究推进到当时还无人超越的高度。简单地介绍一下代数不变量的含义是有必要的。当然不变量理论的意义远远超出它最初的含义。

一个二次方程 $ax^2+bx+c=0$ 有两个相等根的充分必要条件是 $b^2-4ac=0$。b^2-4ac 叫作二次方程的判别式,它是一个由代数方程系数所组成的表达式。如果把变量 x 替换成它的用 y 表示的值,假定

$$y = \frac{px+q}{rx+s}$$

那么

$$x = \frac{q-sx}{ry-p}$$

于是 $ax^2+bx+c=0$ 可以变形为 $Ay^2+By+C=0$，A,B,C 仍然用旧系数 a,b,c 来表示，并且 $B^2-4AC=(ps-qr)^2(b^2-4ac)$。这就是说，判别式 b^2-4ac 在变量替换之后，除去一个只依赖于变换系数的因子之外，其本身形式保持不变。这就是一个代数不变量。除了判别式之外，还有某些由系数组成的表达式，具有在变换下保持不变的性质，即由原始量组成的这些表达式，与由变换后的量组成的表达式，只差一个因子，这个因子仅依赖于变换的系数。这样的代数表达式都叫作代数不变形式，它们的量即代数不变量。

在各种代数不变量中，有些不变量处于基本的地位，以它们为基础可以把其他的不变量以简洁的形式表示出来。这样的不变量叫作"基"。它在代数不变量理论中的地位，相当于化学中的元素、生物遗传信息中的基因，是十分重要的。数学家感兴趣的是，对于各种形式的代数不变量，是不是都存在这样一组"基"？果尔丹的重大成就是证明了形如 $ax^2+bxy+cy^2$ 的多项式（各项次数都是二次的多项式，也叫"二次型"）存在一组有限个数的"基"。对于更复杂一些的情形，谁也不知道是否存在这样一组基，这就是"果尔丹问题"。

研究这样的问题有什么意义呢？从广泛的意义上说，任何科学实际上都是在研究各种变化中的不变性质。变化中的不变，就是事物的本质，就是客观规律。天体每时每刻都在运动，但运动轨道的性质是不变的。能量不断由一种形式转化为另一种形式，但能量的总量是不变的。化合物的性质千差万别，但元素的性质是不变的。生物的形态变异五彩纷呈，但基本的遗传信息是不变的。在数学中，各种几何学都是在研究几何图形在某种变换中的不变性质。赫赫有名的现代物理学成就相对论，就是研究在时空参照系变换时物理规律数学表达式的不变性质，而且这一思想的来源就可以追溯到不变量理论的研究。从纯代数角度的研究，最终导致物理学上的重大变革，这是纯数学与现实应用之间密切联系的生动体现。

不变量理论的创立者之一西尔维斯特对不变量理论有一番"通俗"的介绍。他说："有一些东西称为代数的形式。……每一个这样的代数形式都与无穷多种其他形式相联系，这些形式可以被看作由第一种形式产生的，或在它的周围浮动着的一种大气——但是由于这些从原始形式中推导出来的存在物，这些发散物是无限的，人们发现它们有可能由合成或者可以说由混合一些有限数目的基本形式而得到，这些基本形式可以像在它们所属的代数形式的代数谱中那样，叫作标准射线。正如 1877 年，甚至今天，物理学家的一项主要工作，是确定每一种化学物质的光谱中的固定的线，一大批数学家的目的和目标，是找出这代数形式的基本的导出形式，它们称为共变式和不变量。"

不变量理论的意义是十分重大的。它看上去简单，实际上难度又很大。果尔丹在证明二次型存在一组有限个数的"基"的时候，用的是把它们一个一个构造出来（计算出来）的办法，这需要相当复杂的理论技巧。希尔伯特很喜欢更具一般性的"果尔丹问题"，按照他的说法，一个重大的富有成效的数学问题应具备下述特点：

（1）清晰性和易懂性（因为清楚、易于理解的问题能吸引人的兴趣，而复杂的问题使人望而却步）。

（2）困难的（这才能引诱我们去研究它）而又不是完全无从下手解决的（免得我们劳而无功）。

（3）意义重大（在通向那隐藏着的真理的曲折路径上，它是一盏指路明灯）。

希尔伯特充分意识到，"果尔丹问题"的难度在于原有的方法过于复杂，要计算的东西太多，工作量太大。要取得新的突破，必须另辟蹊径，从一个全新的角度来思考这个问题：能不能把"果尔丹问题"的提法改变一下呢？比如，假如给定无穷多个包含有限个变量的一组代数形式系，问在什么条件下存在一组有限基，使得所有其他的形式都可以由它们简洁地表示出来？（所谓"简洁"，即表示成它们的线性组合，系数是原有变量的有理整函数。）希尔伯特证明了，无论在何种条件下，这组有限基总是存在的，证明的关键在于，别的结论都会导出逻辑上的矛盾，因而这组基的存在是一种逻辑上的必然性。这里完全不必要把这组基一个一个构造出来，这种证明也没有给出构造这组基的任何方法。简单地说，它是一个"纯粹的存在性证明"。

希尔伯特的证明本身过于专业化，我们没有办法详述其细节。但事情本身的意义是清楚的。希尔伯特依靠的是逻辑的力量，而不是算法的力量。这种证明只是告诉人们，一般情形下代数不变量的一组有限基是存在的，至于它们是什么还不得而知。但就解决"果尔丹问题"而言，这就足够了。因为人们关心的本来就是它们的存在，而不是别的问题。希尔伯特解决这个问题的办法，很像古希腊的亚历山大大帝解开难解的戈尔迪之结。相传，当亚历山大率远征军来到弗里吉亚（在今土耳其）时，专门去看了放在弗里吉亚卫城上的一辆著名的战车。这辆战车属于弗里吉亚国王戈尔迪，有一根用山茱萸树皮编成的绳索牢牢地捆在上面。据说谁想取得亚洲霸主的地位，就必须把绳结解开。可是绳结缠绕盘转，绳头又包折进去隐藏在结的里面，看上去是无论如何都打不开的。多少人绞尽脑汁想不出办法，而亚历山大却出人意料地打开了：他挥舞宝剑把绳索砍成两段——这也是解决问题的一种办法。

希尔伯特解决"果尔丹问题"的"纯粹存在性证明"，在数学界引起了轩然大波。最激烈的反对者来自果尔丹。他大声疾呼："这不是数学，这是神学！"显然果尔丹把"纯粹存在性"看成"神"的存在，因为人们相信"他"的存在却看不到"他"的踪影。对于煞费苦心构造出一个又一个代数不变量的果尔丹来说，简单地承认一组有限基的存在却不知其何种模样，这是令人无法忍受的。克罗内克也坚决站在果尔丹一边，认为没有构造出来的东西就不能算存在，因而希尔伯特给出的证明根本谈不上是数学。连希尔伯特的老师林德曼也认为，希尔伯特的方法是古怪的，有害的，令人不快的。可是，菲利克斯·克莱因却毫不犹豫地支持希尔伯特。他认为希尔伯特的证明"非常简单,在逻辑上是不可抗拒的"。

不变量理论的另一个创立者凯莱,对希尔伯特的成果采取了十分冷静、客观的态度。凯莱性格温和,思维敏捷,且极富耐力。他不喜欢武断地看问题,很少感情用事。当希尔伯特把自己的研究成果寄给他时,他最初的反应是:"我觉得你的思想有最重要的价值,它应该得出关于不变量的那个定理的一个证明。不过,至今我还没有能够确实弄清你所得到的这样好的证明。"不久,他收到希尔伯特寄来的两封解释信。在仔细阅读之后,他回信说:"我原来的困难是一种先验的想法造成的,……现在我完全明白了……我想你已经解决了这个重大问题。"

希尔伯特本人对"纯粹存在性证明"是十分欣赏的,他强调指出:"纯粹的存在性证明之价值恰恰在于,通过它们就可以不必去考虑个别的构造,而将各种不同的构造包摄于同一个基本思想之下,使得对证明来说最本质的东西清楚地突显出来;达到思想的简洁和经济,就是存在性证明生存的理由……禁止存在性证明……等于废弃了数学科学。"

希尔伯特的这种观点,逐渐得到越来越多的数学家的理解和赞同。数学对象的存在自古以来就是通过两种方式确定的。一种是构造的(或者说算法的)方式,即按照一定的操作规则通过有限步骤构造或计算出来;另一种是证明的方式,即通过假定其不存在而导致逻辑矛盾,来认定其存在。这两种方式都具有合法性,而且能够互相补充、互相渗透。有些构造不出来的(一时找不到算法的)数学对象,如果没有存在性证明的保障,犹如未经钻探就去开采矿物,没有线索就去搜捕罪犯,不仅费时费力,而且可能劳而无功。但如果只有存在性证明,却始终构造不出来,那也不具有应用价值。有相当多的数学对象首先是从逻辑上确定其存在的,然后才能寻找其构造意义上的存在,或者是近似的构造意义上的存在。比如一些比较复杂的数学方程,可能有解也可能无解。如果能在逻辑上证明其无解,那又何必煞费苦心去构造它呢?涉及无限数量关系的很多数学对象是无法构造出来的。但它们具有逻辑上存在的合法性,如无穷远点、不可数集合、超限数等,它们在数学上的存在都是无可非议的。如果否认它们的存在,那么正如希尔伯特所说,数学中的相当大一部分内容就该废弃了。数学家深知逻辑证明在数学发展中特殊重要的价值。但是当把逻辑证明用于解决某些数学对象的存在问题时,数学家接受这一点还需一个思想转变过程。特别是在代数领域,绝大部分的数学对象是构造出来的,纯粹存在性证明以前还没有见过。岁月流逝,两年之后的数学界已经充分理解了希尔伯特的思想。连果尔丹也转变了态度,他写信给希尔伯特表达敬意,称赞希尔伯特的证明"完全正确"。并说如果不是这样,果尔丹问题也许根本就不能解决。作为对以往激烈态度的一种体面的道歉,果尔丹说:"我自己一直确信,神学也有它的价值。"

希尔伯特的"纯粹存在性证明"当然并非神学。他的工作开启了代数学发展的一个重要方向,即沿着抽象化方向发展。现在的代数学涌现出一大批新名词,如"群""环""域""理想""范畴"等,甚至"代数"本身也成了其中有着特定意义的专有名词。这些新的数学对象虽然与大多数人熟悉的多项式、整式、分式、方程是如此不同,以致看现代代数学的数学推导如同看"天书"一样,其中的大量古怪符号确实带有"符"的某种神秘味道。但是,所有这些新的代数学对象都是从人们熟悉的多项式、整式、分式、方程及它们之间各种各样的关系中抽象出来的,是对它们的各种具体性质的高度概括和总结。比如,"群"的思想来源于对方程是否可用根式求解的研究。"群"本身是相当抽象的,可是它表示了各种具体方程的解及其相互关系的本质特征。从"群论"角度来看代数方程,注意的不是其具体特征,而是隐含在其中的一般关系。研究这种一般关系需要强有力的抽象思维,需要高度的符号化和形式化,也需要严格的逻辑推理。在这里,逻辑的功能进一步加强了。希尔伯特解决"果尔丹问题"的"纯粹存在性证明",就是以关于"模""环""域"等抽象代数对象的研究为基础的。这一成功使有关模、环、域的抽象理论在数学研究中居于显著地位,引起整个数学界的关注。著名女数学家爱米·诺特(Emmy Noether)为首的抽象代数学派,就是在这一成就的引导下发展起来的,这是后话。

就在果尔丹承认"纯粹存在性证明"的时候,希尔伯特却表现出不满足。毕竟一般情形下代数不变量的一组有限基还未构造出来,这是必须弥补的缺憾。以克罗内克的研究成果为基础,希尔伯特终于在1892年找到了一种构造性的方法,导出了一组不变量的完全的有限基,就是说,已经从逻辑上证明其存在的东西终于构造出来了,在数学上达到了尽善尽美、令人满意的地步。中国的先哲孔子讲"三十而立",希尔伯特恰好在三十岁彻底解决了不变量理论中最重要的问题。这是希尔伯特在数学上的第一个重大成就。

1893年，为纪念哥伦布发现新大陆400周年，在美国芝加哥举行了世界工业博览会，同时召开国际数学家大会。德高望重的菲利克斯·克莱因代表德国参加这次会议，在大会上作"当前数学的状况"的报告，他还带了十几篇德国数学家的论文在大会上宣读，其中包括希尔伯特的一篇文章，这位当时还是讲师的年轻人指出：

"一门数学理论发展的历史，很容易分为三个阶段：朴素的、形式的和批判的时期。就代数不变量理论而言，它的创立者凯莱和西尔维斯特是朴素时期的代表；在引出最简单的不变量概念并漂亮地应用于解决低次方程的过程中，他们体验了发现新事物的喜悦。发明符号演算并加以完善化的是克莱布什（Clebsch）和果尔丹，他们是第二个时期的优胜者。我上面列出的定理则反映了批判时期的表达方式……"

将自己的研究同当时最著名的数学家的工作相提并论，并且自信已超过前人，这种说法对于不大了解希尔伯特的人来说，是令人吃惊的。但希尔伯特说的是实话，其中毫无夸张之处。"批判"的含义是重新思考，是批评，是超越。希尔伯特实实在在地做到了这一点。当果尔丹沿着构造途径艰难推进，陷入一大堆形式化代数学符号之中难以自拔的时候，当不变量理论研究演变成连篇累牍的公式推导和计算的时候，希尔伯特在寻找捷径，追求"思想的简洁和经济"。他意识到，必须从各种具体的、特殊的不变量构造中解脱出来，采用一种更为抽象的、一般的方法来处理它们的相互关系。只有在思想方法上发生变革，才能在老问题上取得新的突破。解决"果尔丹问题"的过程，已经初步展现了希尔伯特的思想特征,这就是善于综观全局,从观念和方法角度考虑数学问题的突破口,摆脱前人的思维定式,充分发挥抽象思维和逻辑的力量,以统一的、彻底的方式从根本上解决问题。事实上,不变量理论研究的主要目标,希尔伯特已完全达到。一位数学家评论说:"整个理论的呼吸停止了。"而希尔伯特则告诉他的亲密朋友闵可夫斯基:"我将坚决地离开不变量领域。"

通过解决"果尔丹问题",希尔伯特在数学界确立了自己的地位。在这之后,希尔伯特迅速转向代数数论研究。他于1886年发表的《代数数域理论》报告,用统一的观点,将以往代数数论的全部知识铸成一个严密宏伟的整体,在对已有成果给出新方法的同时,引进新概念,建立新定理。希尔伯特在报告序言中说:"数域理论是一座罕见的优美和谐的大厦。……其中还蕴藏着丰富的无价之宝,那些了解它们的价值,一心想试一试赢得这些宝藏的技艺的探索者,将会得到丰富的报偿。"当时的数学评论家认为,这篇报告"是一篇令人振奋的艺术佳作""是数学文献宝库中一件真正的珍品"。希尔伯特在这一时期,已经对数学理论内部的优美、和谐与统一有了深刻的认识,并且已经把这种认识外化为理论成果的严谨而优美的形式。由于思想观念和方法高人一筹,他在短时间内很快成为不变量理论和代数数域理论这两个领域中的带头学者,而且都取得了突出的成就。就在世人已对他刮目相看的时候,他却又转向了第三个研究领域,一个古老而又神奇的数学世界。由于初等教育的普及,很多普通人对这个世界都不陌生,但真正深入进去了解其奥妙的人却很少。这个世界就是几何学的世界,而我们的讨论则要从一个似乎与几何学关系不大的话题开始。领悟希尔伯特在这个领域中成就的意义是需要一些思想准备的,我们尽可能把事情谈得细致一些。

四　桌子、椅子、啤酒杯

"桌子、椅子、啤酒杯",似乎都与数学关系不大。在一本谈论希尔伯特思想方法的书中出现这样的标题,多少有点不伦不类。如果读者得知,"桌子、椅子、啤酒杯"是希尔伯特对几何学中点、线、面的形象比喻时,更会流露惊异之感。"这是在搞什么名堂?"说起来一言难尽,我们还是先来回顾一下数学中公理方法的历史发展吧。

什么是公理?

学过平面几何的人,也许会觉得这是一个不值一提的问题。公理就是不证自明的道理嘛!以公理为基础可以推导出定理,由定理还可推导出新的定理,几何学说穿了就是这么回事。其实,这种认识水平大体上同两千多年前人们的认识差不多,因为现在学校里讲的初等几何知识就是那个时候形成的。

古代地中海的沿岸地区,是希腊文明的摇篮,也是公理方法的摇篮。大致在公元前 6 世纪至公元前 3 世纪,在我国的孔子、孟子、墨子、庄子等圣贤到处讲学和争鸣的时候,古希腊也出现了哲人林立,学术思想空前繁荣的局面。与中国哲人"子曰诗云"的风格不同,古希腊哲人从一开始就显露出某种"钻牛角尖"的功夫。他们把"为什么"看得比"怎么样"更为重要。一些显而易见的事实，如圆被任一直径所平分；等腰三角形底角相等；两线相交，对顶角相等；相似三角形各边成比例；等等，他们也要证明一番。古希腊哲学家泰勒斯(Thalēs)据说是第一个把演绎的思想引进数学的人，在他的倡导下，形式逻辑和演绎数学在古希腊同时发展起来，并且相互渗透、相互促进。数学家依靠逻辑作为思维工具，把各种数学命题串联和组织起来，逐渐构成一个理论系统。在这个系统中，每个数学命题都以另外某个或某些命题为前提，都可追溯其成立的原因。这样一层一层追上去，最后可以发现，差不多所有数学命题最终都以为数很少的若干数学命题为基本前提，而这些最基本的命题却无法再问"为什么"了。比如，"过两点可以且只可以作一条直线"，为什么呢？谁也说不出。于是这些最基本的命题就被称为"公理"，其含义是公认的，不用再证明的道理。为了表明公理的可靠性，后人曾对公理有种种解释，比如说它不证自明，说它是经过人类长期的经验和反复实践证明的，说它是由最基本、最简单的常识确定的，等等。这些解释都隐含着一种观念，即认为公理是几何事实，是不可更改的。

到了公元前3世纪，古希腊的数学家欧几里得建立了第一个比较完备的公理化几何学体系。他的巨著《几何原本》由此成为传世之作。《几何原本》中给出的几何公理(当时叫作"公设")共五条：

公理1　任意一点到另外任意一点可以画直线。

公理2　一条有限线段可以继续延长。

公理 3　以任意点为心及任意的距离可以画圆。

公理 4　凡直角都彼此相等。

公理 5　同平面内一条直线和另外两条直线相交，若在某一侧的两个内角和小于二直角的和，则这二直线经无限延长后在这一侧相交。

以这五条几何公理为基础，可以从逻辑上推导出许许多多直观上明显的或不明显的几何定理。欧几里得撒出这张"逻辑之网"，以严整简洁的方式包容了他的前人几个世纪的研究成果，堪称划时代的杰作。从此以后，《几何原本》便成为数学的经典。任何想进入数学殿堂的人都必须虔诚地研习它，从中接受最基本的逻辑思维的训练。

美国现代诗人米莱（Millay）曾写下这样的诗句："唯有欧几里得观看了毫无掩饰的美。"什么是"毫无掩饰的美"呢？17 世纪英国哲学家托马斯·霍布斯（Thomas Hobbes）对《几何原本》的反应，或许可说明这个问题。在霍布斯的传记中写道：

"在他（霍布斯）接触几何学时他已 40 岁了。事情是偶然发生的。在一个绅士的书室里，欧几里得的《几何原本》打开着，恰好是卷一第 47 命题。他读了这个命题。他说：'向上帝保证（他时常用发誓来强调），这是不可能的！'于是他读了它的证明，这证明要他参阅前面一个命题，他又读了这个命题，这个命题又要他回头查阅前面的另一个命题，他又读了那个命题。这样下去，最后通过论证信服了这个真理，从此他爱上了几何学。"

《几何原本》卷一第47命题,即大名鼎鼎的"毕达哥拉斯定理",我们通常称"勾股定理",它说的是"在一个直角三角形中,直角两边的平方和等于斜边的平方。这一事实绝非显而易见,甚至看上去令人怀疑。但经过一番论证,最终表现为明晰的真理。美国数学家菲利普·J.戴维斯(Philip J. Davis)和鲁本·赫什(Reuben Hersh)说,如果我们相信,有了几行魔术般的证明,我们就能迫使宇宙中所有直角三角形都服从有规则的毕达哥拉斯模式,我们甚至会浑身战栗的。当那些非直觉的、可疑的、有些神秘的几何命题,在欧几里得手下变得简洁明了,确凿无疑时,他展示的是不是一种"毫无掩饰的美"呢?答案自然是肯定的。通过公理方法,欧几里得为几何世界建立了秩序,找到了确定性,树立了逻辑的权威。欧几里得的几何学是一座庄严巍峨的大厦,而公理是大厦的基石。人们相信,这些基石是从现实世界中精选加工而成的,因而是牢不可破的。这些基石又是几何学所仅有的,在它们之上建立起来的几何大厦万古永存。

然而,在人们世世代代赞美和学习欧几里得几何学体系的同时,总有一点不大舒服的感觉。《几何原本》中的第五条公理太长,太啰嗦,不大像一条公理,倒像是一条定理。美玉微瑕,总该去掉,于是很多人致力于把这条公理作为一条定理,在其他公理的基础上证出来。这是一场历经一千多年的战斗,许许多多人为之耗费了大量的精力和时间。但这种努力是徒劳的,因为后来才弄清楚此路不通。第五条公理的确是一条独立的公理,是不可能在其他公理的基础上证出来的。不过,事情并非没有进展。第五条公理在18世纪末变成了与之等价的另一种形式,即"过直线外一点只能作一直线同已知直线平行",这就是人们今天熟悉的"平行公理"。另外,人们发现,如果想用间接证法来证明平行公理,即先否定它,以它的反面作为逻辑前提进行推导,进而得到矛盾,再据此而肯定它,那么,人们将得到某些相当离奇古怪的结果。以平行公理的反面作为逻辑前提的推导可以一路顺利作下去,不仅遇不到矛盾,反而不断产生令人难以置信的命题,如需要承认几何学中有长度的绝对单位存在,承认三角形三内角之和将不是180度。应该如何对待这些逻辑上没毛病而与直观的几何事实相矛盾的命题呢?绝大多数数学家的反应是:相信直观事实的可靠性,不再进行冒险。欧几里得几何学的公理与人们每天看到的大量事实是如此和谐一致,人们很难想象一旦这几条公理失效后会发生什么事情。尽管运用间接证法证明平行公理的努力,表明有一条逻辑之路通向神秘的远方,但前景似乎很可怕。1820年,一位在试证平行公理方面屡遭失败的匈牙利数学家法卡什·波约(Farkas Bolyai),忧心忡忡地写信给刚刚迷恋这一行的儿子雅诺什·波约(János Bolyai)。他的信中写道:"看在上帝的份上,请放弃它吧。它的可怕并不次于淫荡的情欲,因为它也会占据你整个的时间,剥夺你的健康、内心的平静和生活的幸福。"

尽管有这种警告,年少气盛的雅诺什·波约仍然毫不畏惧。三年后,雅诺什·波约回信给他的父亲:"我已从乌有创造另一个新奇的世界。"

这个新奇的世界就是非欧几何学的世界。发现这个世界的不只是雅诺什·波约,还有德国的高斯和俄国的罗巴切夫斯基(Lobachevsky)。春天的紫罗兰到处开放,数学史上也不乏不谋而合的事情。可是,当雅诺什·波约得知,他的研究成果经他父亲转呈高斯阅后,不仅得到高斯的极力赞扬,而且高斯居然表示说这和自己40年来思考所得的结果不约而同,这位匈牙利青年愤怒了,他怀疑高斯剽窃他的成果。其实高斯是冤枉的,这位当时的"数学家之王"的确很早就发现了非欧几何的原理。但生性严谨、保守的高斯未敢公开自己的研究成果,怕的是引起"愚人的叫喊"。一往无前宣讲非欧几何并为之奋斗终身的英雄,是罗巴切夫斯基。他顶住了来自数学界内外的无数猜忌、嘲讽和打击,顽强地阐释和发展非欧几何学理论,最终使这一理论为数学界所接受。他的工作导致了人类几何学观念的巨大变革,因而被誉为"几何学中的哥白尼"。

非欧几何学与人们熟悉的欧几里得几何学的根本差别,在于平行公理的不同。高斯、罗巴切夫斯基和雅诺什·波约提出了新的平行公理,这就是:过直线外一点至少可以作两条直线同已知直线平行。新的平行公理从直观和常识上是无法接受的,但它与欧几里得几何学中其余的公理都不矛盾。如果仅从逻辑角度看,新的平行公理完全具有作为公理的资格。它不可能从别的公理基础上推导出来,但以它为基础可以推导出很多新的、离奇古怪的定理。把欧几里得几何学中的平行公理换成新的平行公理后,完全可以建造一个与欧几里得几何学结构相仿的新几何体系。一个看上去很荒谬的新公理,能够导出如此丰富的结果,这意味着什么?罗巴切夫斯基解释说,这意味着有一种特殊的空间的存在,它和我们所习惯的,我们的生命赖以存在的空间完全不同。新的平行公理正好适用于那样一种空间。多么丰富的想象力!多么令人激动的观念!然而,在罗巴切夫斯基的思想深处,仍然有欧几里得思想的影子。在他看来,新的平行公理与那样一种空间里的直观和常识是完全一致的。如果那里也有某种具有高度发达的智慧的生物存在的话,也能够通过与我们在欧几里得空间里类似的方式确定这一公理。我们不过是通过逻辑的途径猜到了那里适用的公理而已。

罗巴切夫斯基是在 1826 年公开宣讲自己的非欧几何学思想的。就在同一年,诞生了一位新的数学天才——德国的黎曼(Riemann)。28 年之后,他沿着同罗巴切夫斯基等相反的思路,提出了一条更加新颖的平行公理:过直线外一点不可能作出任何直线同已知直线平行。这条公理导致了一套新的非欧几何学体系的出现,通常称为"黎曼几何",而前一套非欧几何学体系则被称为"罗巴切夫斯基几何"。又过了几十年,罗巴切夫斯基的预言意外地应验了,不过不是在他的几何学范围内。爱因斯坦的广义相对论表明,极为巨大的尺度上的空间结构,恰恰具有黎曼几何的性质。这就是说,广阔无垠的宇宙空间,在整体上是非欧几何学的世界。如果人们考察的范围足够小,使得巨大尺度上的空间性质在小范围内可以忽略不计,那么非欧几何学的空间结构就极为近似地显现为欧几里得几何学的空间结构。打个比方或许有助于理解这种关系。在日常生活中,任意两条垂线都是相互平行的,它们都垂直于水平面。但是从整个地球范围内考察,任意两条垂线都指向地心,最终都是相交的;而水平面在严格意义上应该是曲面,它是地球表面的一部分。从整个地球范围内的考察,大体上相当于非欧几何学的观念,它的巨大尺度上的曲率,在日常生活中近乎消失,于是欧几里得几何学的观念就自然出现了。

两套非欧几何学体系的出现,并没有从根本上动摇人们把公理看成几何学事实的信念。但人们不能不承认,几何学的公理体系不是唯一的。另外,非欧几何学平行公理的提出,不是由于新事实的发现,而是来自逻辑上的假设。逻辑的力量如此强大,以至于改变一个公理就可以构造一个新的几何学体系。逻辑的假设如此神奇,以至于人们在欧几里得几何学的世界里可以猜到非欧几何世界的事情。即使把非欧几何学的公理看成另外世界里的几何学事实,但它们毕竟是从逻辑上先猜出来的,然后才找到事实根据。最重要的是,数学界之所以接受非欧几何学理论,不在于它的想象力如何的丰富,后来又如何找到现实原型,而在于一些数学家通过巧妙的途径,建立了欧几里得几何学命题同非欧几何学相应命题的逻辑等价关系。这意味着逻辑思维在公理的提出和演变过程中有着特殊重要的作用,这种状况不是把公理看成几何学事实的信念能包容得了的。

到了19世纪80年代,德国的数学家莫里茨·帕施(Moritz Pasch)开始提出一些革命性的见解。他指出,欧几里得几何学中点、线、面这些概念,实际上是没有定义的东西。几何学中必须有一些概念不加定义,否则定义的过程就会没完没了,或者依赖于物理的概念。一旦某些未定义的概念被挑出来之后,其余的概念就可以通过它们定义出来。那么,没有定义的概念的性质如何确定呢?帕施说,公理作出有关未定义概念的断言,而这些断言就是我们可以用的与它们有关的仅有的断言。换句话说,公理是未定义概念的"隐定义"。帕施相信几何概念和公理应该与人们的经验有关,但在逻辑上这是不相干的。他讲了一句在当时看来很古怪的话:"如果几何学要成为一门真正演绎的科学,那么必不可少的是:作出推论的方式既要与几何概念的意义无关,又要与图形无关；需要考虑的全部东西只是由命题和定义所断言的几何概念之间的联系。在演绎过程中，把所用的几何概念的意义牢记在心里，这是既恰当而又有用的，但这绝不是本质的……"。

这段话是什么意思呢？当我们在几何学中考察各种点、线、面之间关系时，想象着几何学中的点、线、面就是现实世界中点、线、面的数学模型，这当然是很必要的。但实际上这种想象与几何学本身的逻辑推理并无本质联系。从逻辑推理角度考虑，既然点、线、面没有定义，当然没有必然的理由认定它们只是现实世界中点、线、面的数学模型。如果公理是点、线、面的"隐定义"，那么公理当然也未必表示几何学的事实，由此可以得出一个惊人的结论：几何学本身在本质上只是一种逻辑体系，并不同任何事实相联系。理解几何学的真谛必须摆脱对视觉印象、日常经验和常识的依赖。虽然人们学习几何学要通过视觉印象、日常经验和常识，但它们只起到启示的作用。恰如孩子们学习数学"3"要从3个苹果、3个人、3座房子开始，而"3"的本意却不依赖于这些东西一样。

帕施的这些见解，在数学界中逐渐传播开来，获得了越来越多的支持者。其中就包括希尔伯特。还是在他当讲师的时候，有一次去另一个城市哈耳(Hall)听数学家赫尔曼·维纳(Hermann Wiener)的一个讲座，内容是关于几何基础与结构的。维纳的几何学观点来自帕施的影响，又将这种影响传给希尔伯特。在返回哥尼斯堡的路上，他在柏林车站若有所思地对同伴们说：在一切几何命题中，"我们必定可以用桌子、椅子和啤酒杯来代替点、线、面。"

希尔伯特的比喻是极为精彩的。他用"桌子、椅子、啤酒杯"这些与几何学似乎没什么关系的东西,来代替在几何学中处于基本概念地位的点、线、面,意在说明这些基本概念本身并没有确定的意义。人们可以对这些基本概念作各种各样的解释,赋予它们种种意义,但所有这些解释和意义都是外加的,都不是几何学本质上所必需的。人可以穿各式各样的衣服,但衣服并不是人体的一部分。两千多年来人们熟悉的欧几里得几何学对点、线、面的理解,原来只是一件老式的"衣服",希尔伯特现在要为几何学换"新装"了。

在作出这个著名比喻的六年之后,希尔伯特开始向学生系统讲授他的新思想。他认为,欧几里得关于点、直线和平面的定义,在数学上其实并不重要。它们成为讨论的中心,仅仅是由于它们同所选择的诸公理的关系。换句话说,不论是管它们叫点、线、面还是桌子、椅子、啤酒杯,它们都能成为这样一种对象:对它们而言,公理所表述的关系都成立。他说,"属于""介于""平行""合同"等术语表述的意义,并不由人们的日常经验来确定。例如,对于每一对叫作"点"的对象,对应且只对应一个叫作"直线"的对象,只要适合这条公理,那么其中的基本术语就可以表示任何别的对象,对于其他公理亦是如此。

既然点、线、面可以作多种意义的理解,又该如何理解"公理"的意义呢?公理当然不再是最基本的几何事实了,同人们的直观经验和实践活动也没什么必然联系了。公理已经失去了这些实质性内容,只剩下了纯粹的逻辑形式。因此,欧几里得时代对公理的理解所造就的几何学公理体系,被称为"实质公理学"。这个时代已经过去了。按照对公理的新理解所造就的几何学公理体系,被称为"形式公理学",它标志着几何学发展的一个新时代的开始。一千多年来试证平行公理的努力,以及非欧几何学的出现,都是这两大几何学公理体系之间的过渡环节,而希尔伯特为这种过渡最终打上了一个句号。

希尔伯特的新思想使数学界受到极大的震动。人们突然意识到,不仅非欧几何学的公理是逻辑上的假设,而且欧几里得几何学的公理也是逻辑上的假设。它们在一定意义上都是人造的产物,按照与希尔伯特同时代的大数学家庞加莱的话说,几何公理实质上是一种人为的"约定",这些约定并不能说明哪一种几何为最真实,而是使人们知道哪一种为最便利。那么,几何学中还有没有真的东西了呢?希尔伯特认为是有的,这就是数学命题之间在逻辑上的无矛盾性,或者叫"相容性"。希尔伯特对公理的基本要求是:

它们必须具有完备性,即所有的定理都可以由这些公理推导出来。

它们必须具有独立性,即如果从这组公理中除去任何一条公理,至少会有某些定理不可能得到证明。

它们必须具有相容性,即从这些公理出发不可能推出任何矛盾的定理。

这些都是逻辑上的要求,其中最后一条是最重要的。任何数学理论必须得到逻辑相容性的证明,才能被数学界所接受。希尔伯特进一步提高了逻辑在数学中的权威地位，并把逻辑相容性的证明作为数学发展的重要动力。他的思想对同时代的数学工作者产生了深刻影响，一股追求数学抽象化、形式化、公理化的思潮应运而生了。

任何新事物一旦成为"潮流"，难免鱼龙混杂，泥沙俱下，过激过热的事情常有发生。有些数学工作者为公理的人为性质的发现而欢欣鼓舞，以为可以随心所欲地构造公理体系，一时间各式各样的形式化的公理体系大量涌现，有很多是不着边际又毫无成效的。还有些人以为，既然公理本身与几何事实、直观经验和实践活动没什么必然联系，那就可以把具有实质内容的几何学及数学物理完全抛开，仅仅从抽象化、形式化和公理化的角度发展数学。当希尔伯特的一些追随者头脑发热的时候，他本人却出奇地冷静。他清楚地意识到，形式公理学只是数学某个发展方向上经多次抽象思维加工获得的数学"精品"。没有大量的原始素材，哪里来的"精品"？他指出："理论与实践，思维与经验是最紧密地交织着。有时理论走在前面，有时实验走在前面，总是相互证实，相互补充，相互激发。""无论数学概念从何处提出，无论是来自认识论或几何方面，还是来自自然科学理论方面，都会对数学提出这样的任务：研究构成这些概念的基础的原则，从而把这些概念建立在一种简单而完备的公理系统之上。"

只有一个懂得数学的内在"生命"的人，才能有这样的论述。当人们对公理的认识，由实质公理学上升到形式公理学之后，人们对数学"生命"的认识，也就由了解"躯体"上升为了解"精神"。在这个时候，保持数学各部分之间的有机联系是极为必要的。希尔伯特为数学公理化的不正常发展及时敲响了警钟，这是一个伟大的历史贡献。

事情发展到今天，数学界对"公理"的理解已大为改观了。这在很大程度上是希尔伯特影响的结果。现在的数学家认为，公理只是某个数学领域中经长期选择确定的若干最基本的数学关系，以它们为基础可以推导出这个数学领域中其他的所有数学关系（包括各种定理、公式等）。建立公理体系是整理和发展数学成果，揭示数学理论的内在逻辑结构的一种有效方法。公理的选择和确定带有人为特征，但不是随意的，而是要受数学发展的实际需求状况的检验。随着人们认识的不断深入，公理的数目可能有所增减，内容也会有某种变化。任何公理系统都不会成为数学发展的一劳永逸的逻辑基础。一个数学领域能够实现公理化，标志着人们对这个领域认识的成熟。运用公理方法，人们可以把这个领域中所有成果按照逻辑线索井然有序地排列好，以便高效率地学习和掌握它们，达到节时省力而又严谨准确的效果。从 20 世纪 30 年代起，以"疯子的集会"而著称的布尔巴基学派，通过狂热的讨论推动着数学公理化的进程。他们对公理方法的评论直截了当："公理方法不是别的，而是数学中的'泰勒制'。"弗雷德里克·泰勒（Frederick Taylor）是美国工程师和管理学家，当过工人和工头。他从 19 世纪 80 年代致力于工厂生产管理方面的试验研究，是现代管理科学的创始人。"泰勒制"是通过科学管理提高效率的观念的代名词。把"公理方法"看成数学中的"泰勒制"，意味着整理数学可以像管理工厂的职工一样，实现"高度的思维经济"。这是数学家通过世世代代的努力总结出的切身体验，其中凝结着无数的甘苦。

为几何学重新奠基

让我们回过头来看一看,在希尔伯特用"桌子、椅子、啤酒杯"代替点、线、面之后,几何学中发生了什么样的变革。

欧几里得写了一部《几何原本》,成为实质公理学的经典。希尔伯特写了一部《几何基础》,成为形式公理学的经典。《几何原本》在经历了漫长岁月之后,至今仍显得古朴典雅,而《几何基础》则带有浓厚的现代气息。它出版以后几个月内便成为最畅销的数学书,并迅速被翻译成多种语言的版本。现代的数学工作者无不知晓它的存在和价值,这在一定程度上借助了现代传播手段的力量。

将《几何原本》与《几何基础》相比较,人们可以发现,欧几里得建立的庄严巍峨的几何大厦,经历了一番彻底的"翻修"。原来的"地基"被加宽、加深、加固了,有些隐藏的裂隙被修补了。经过重新奠基,新建的几何学大厦变得更加气势宏伟了,而且内部结构更加简洁精巧、和谐自然。两相比较,一个好比巴黎圣母院,而另一个好比现代的摩天大厦。两种风格虽然各有韵味,但人们不得不承认现代建筑更能体现人类的伟大力量。

希尔伯特为几何学重新奠基的工作,是从重新整理几何学公理体系入手的。他首先列出不定义的基本概念,包括点、线、平面、位于上面(表示点和线之间的关系)、位于上面(表示点和平面之间的关系)、在……中间、一对点重合、角的重合。这些基本概念中,排在后面的一些概念,以往是被认为不成问题而没有专门提出来的,现在感到有把它们作为不定义的基本概念的必要性。

把它们专门列出来，表明了对直观经验的不信任。从这里可以体现出一种全新的研究风格。

接下来是五组公理。其中多数是《几何原本》中没有仔细考虑过的，有的甚至是《几何原本》中疏漏的。

第一组公理是联系公理，其中有八条公理：

公理 1-1　对于每两个点 A 和 B，有一条直线 a 位于它们上面。

公理 1-2　对于每两个点 A 和 B，只有一条直线位于它们上面。

公理 1-3　一条直线上至少有两个点。不位于同一条直线上的点，至少是三点。

公理 1-4　对于不位于一条直线上的任意三点 A，B 和 C，都有一张平面 a，包含这三点。在每一张平面上至少有一个点。

公理 1-5　对于不位于同一条直线上的任意三点 A，B 与 C，只能有一张平面包含它们。

公理 1-6　如果一条直线上有两个点位于平面 a 上，那么这条直线上所有的点都位于 a 上。

公理 1-7　如果两张平面 α 和 β 有一个公共点 A，那么它们至少还有另外一个点 B 是公共的。

公理 1-8　不在同一张平面上的点,至少是四点。

这组公理中有些内容是《几何原本》中原来就有的,但没有规定得这样严格、细致。

第二组公理是位于……之间的公理(也称"顺序公理"),其中有四条公理:

公理 2-1　如果一点 B 位于点 A 和 C 之间,那么 A,B 和 C 是同一条直线上的三个不同点,并且 B 也位于 C 和 A 之间。

公理 2-2　对于任意两点 A 和 C,直线 AC 上至少有一点 B,使 C 位于 A 和 B 之间。

公理 2-3　在一条直线上的任意三点中,只有一个点位于其他两点之间。

公理 2-4　设 A,B,C 是不位于同一条直线上的三个点,并设 a 是 A,B,C 所在平面上不经过 A,B 或 C 的任意一条直线,如果 a 经过线段 AB 上的一个点,那么它必定还经过线段 AC 上的或线段 BC 上的一个点。

这第二组公理是十分重要的。公理 2-2 与公理 2-3 保证了直线具有无限性。而在欧几里得那里,只是断定直线段可以被无限延长,它只能表明直线是无界的(无端点的),并不能表明直线本身是无限的。无界和无限是两回事。联结球面上两点的大圆的弧可以沿大圆无限延长,使得延长的弧无端点,但它本身肯定不是无限的。黎曼很早就对直线的无界和无限作了明确区分。

欧几里得的《几何原本》中有些地方默认了直线的无限性。从严格的逻辑角度看,这是不允许的。因为公理系统的所有逻辑前提都必须明确地指出来。欧几里得还不自觉地假定,如果一条直线从一个三角形的一个顶点进入该三角形并充分延长,必交其对边。帕施指出,这实际上也是一条公理,它就是希尔伯特列出的公理2-4(它又称"帕施公理")。欧几里得对于"位于……之间"的公理的忽视,是一个严重的逻辑缺陷。因为若不明确指出这一组公理,而是不自觉地、默不作声地使用它们,就会出现近乎荒唐的结果。比如说,我们可以"证明"出:每一个三角形都是等腰三角形(这显然是胡说八道)。但是在《几何原本》的公理基础上,我们却可以得出这个"结论"。试看图1:

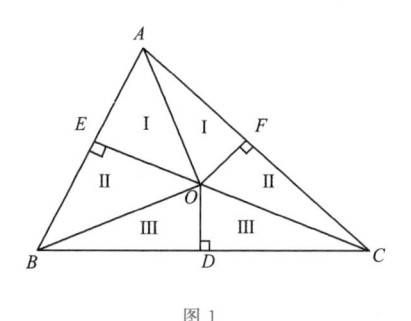

图1

任给△ABC,作∠A的平分线和BC边上的垂直平分线相交于O点。若AO和OD重合,则三角形是等腰的。若不重合,则由O点分别向AB边和AC边作垂线OE和OF,那么标着Ⅰ的两个三角形全等,因此$OE=OF$。标着Ⅲ的两个三角形也全等,因而$OB=OC$。最后,标着Ⅱ的两个三角形也全等,因而$EB=FC$。又由于$AE=AF$,则$AB=AC$。

图1并不是精确的图形。如果精确地画出,那么O点应该

在△ABC 的外部,在外接圆上。而 E 点和 F 点分别在△ABC 的外部(延长线上)和内部。这样错误的"证明"就不会发生了。然而,《几何原本》并未规定这些点应该具有的相对位置。从感性直观角度看,上述推理是合情理的。因为经验和常识容易使人们相信 O,E 和 F 点都应该在△ABC 内部。如果按照感观来想象论证过程,不会发现什么破绽。只有精确的绘图才能使立足于《几何原本》的推理不致出现错误,而这正暴露了《几何原本》逻辑基础的脆弱的一面。难道正确的几何推理要依赖于正确地绘制图形吗?这是欧几里得本人也不愿承认的,但他和他的追随者两千多年来一直都是这样做的。缺少"位于……之间"的公理所造成的隐患,"数学家之王"高斯早就看出来了。他在 1832 年写给法卡什·波约的信中说:"在完全的阐述中,诸如'在……之间'那样的词必须建立在清晰的概念上,这是能够做到的,但我在任何地方都没有看到过。"他的这个意见,直到希尔伯特这里才完全付诸实现。

下面来看第三组公理,即叠合公理,其中有五条公理:

公理 3-1 如果 A,B 是直线 a 上的两个点,A' 是 a 上或另一条直线 a' 上的一个点,那么在直线 a' 上,在 A' 的给定的一侧,可以找到一点 B',使线段 AB 和线段 $A'B'$ 叠合,记为 $AB \equiv A'B'$。

公理 3-2 如果 $A'B'$ 和 $A''B''$ 都与 AB 叠合,那么 $A'B' \equiv A''B''$(这相当于数学中的"等量代换")。

公理 3-3 设 AB 和 BC 是直线 a 上没有公共内点的两条线

段,并设 $A'B'$ 是直线 a' 上没有公共内点的两条线段。如果 $AB \equiv A'B', BC \equiv B'C'$,那么 $AC \equiv A'C'$(这相当于数学中的"等量加等量,还得等量")。

公理 3-4 设 $\angle(h,k)$ 为平面 α 上的一个角(h,k 为其两边),并设直线 a' 位于平面 α' 中,且给定 α' 的某一侧。如果 h' 是 a' 上从 o' 点出发的射线,则在 α' 上有且只有一条射线 k',使 $\angle(h,k)$ 和 $\angle(h',k')$ 叠合,且 $\angle(h',k')$ 的所有内点都位于 α' 的给定一侧。每个角与本身是叠合的。

公理 3-5 在 $\triangle ABC$ 和 $\triangle A'B'C'$ 中,如果 $AB \equiv A'B', AC \equiv A'C', \angle BAC \equiv \angle B'A'C'$,那么 $\angle ABC \equiv \angle A'B'C'$。

在欧几里得《几何原本》中,用到了叠合法去证明全等方面的定理,但没有明确提出叠合公理。在欧几里得看来,在空间中移动一个图形,使其和另一个图形相叠合,这是再自然不过的事情,因而无须什么公理。可是,在空间中移动一个图形是具有物理性质的事情,谁能保证移动后的图形在性质上不起变化呢?为了保证叠合法在逻辑上的可靠性,必须事先明确规定叠合公理。1844年,以宣扬"唯意志论"著称的德国哲学家阿图尔·叔本华(Arthur Schopenhauer)向数学家说,他感到很奇怪的是,为什么欧几里得的平行公理屡遭攻击,却没有人攻击重合的图形是相等的这一条公理。他说,重合属于外部感官的经验。在空间能移动的是物质的东西,超出了几何的范围。这种责难并非没有道理。叠合法以往的确是建立在直观和经验基础上的。直到希尔伯特这里,才有了严格的公理基础。

第四组公理只有一条，即平行公理：设 a 是一条直线，A 不是 a 上的一个点，那么在 a 和 A 所在的平面上，最多只有一条经过 A 并与 a 不相交的直线。

第五组公理是连续性公理，其中有两条：

公理 5-1　（阿基米德公理）如果 AB 和 CD 是任意两条线段，那么在直线 AB 上存在若干点 $A_1, A_2, \cdots, A_n$，使线段 AA_1，$A_1A_2, A_2A_3, \cdots, A_{n-1}A_n$ 都与 CD 叠合，并使 B 位于 A 和 A_n 之间。通俗地说，这条公理的意思是，一条较短的线段在多次加倍之后，总有可能超过一条较长的线段。

公理 5-2　（直线完备性公理）直线上的点构成一个满足公理 1-1、公理 1-2、公理 5-1，以及第二组和第三组公理的点集，而且不可能再把它扩大成一个继续满足这些公理的更大的集合。

这条公理相当于要求直线上有足够的点，能够和实数构成一一对应关系。虽然这个事实从解析几何诞生之日就被有意识和无意识地使用过了，但是它的逻辑基础先前没有确立。在《几何原本》中，欧几里得断言，两个互相经过对方圆心的圆有公共点，这种断言是依赖感性直观的。欧几里得假定圆是某种连续的结构，所以在它被另一个圆分割的地方必定有一个点。但是这种假定并没有以公理形式明确叙述出来。

希尔伯特在《几何基础》中给出的五组二十条公理，在数量上和内容上都大大超过了欧几里得在《几何原本》中给出的公理。将这两个公理系统比较一下，可以发现它们在思想方法上的巨大差异。《几何原本》中的五条几何公理看上去是足够简单明了的，从直观和常识角度很容易使人们相信它们的确是公理。可是，经过希尔伯特的严格逻辑分析之后，这五条公理就显得很不够用了。欧几里得实际上也并不是完全以这五条公理为基础展开自己的几何学理论体系。他在展开过程中不自觉地用了不少假定，在很多地方靠了经验、常识和感性直观的帮助。这在逻辑上当然是不严格的，但他的同时代人和后来的追随者同他一样相信直观和常识，因而难以看出他的几何体系的逻辑缺陷。欧几里得的几何学思维方式代表着一个相当长的历史时期内人们的几何思维方式，它是一种"规范"，是规划人们几何学推理过程的准则。这种"规范"部分由于数学教育的强化训练，部分由于对欧几里得的崇拜，而在一代又一代数学工作者中流传和发展。直到今天，中学的平面几何和立体几何课程仍然在延续着这种"规范"。对于刚从具体思维转入抽象逻辑思维的中学生来说，接受这种"规范"是最自然、最合理的，不能指望他们在中学阶段就完全弄懂现代的几何公理化思想。但应该警惕，一旦形成了这种"规范"，要打破它是不容易的。从欧几里得的实质公理学向形式公理学的转变，实际上就是摆脱这种"规范"的努力，它耗费了人们一千多年的精力。"不识庐山真面目，只缘身在此山中。"今天的中学生学习和掌握初等几何的过程，就知识的发展顺序而言，是人类历史上发现和掌握初等几何知识的"重演"。但就思维的发展顺序而言，应该赶上并超越前人的思维发展水平，借鉴前人思维发展的历史经验教训，决不应"重演"前人走过的曲折道路。希尔伯特的工作，就是要使现在的人们站在今天的理论高度，居高临下地考虑欧几里得时代几何学思维方式的成功与不足。欧几里得的公理化成就是伟大的,《几何原本》的成功与不足是历史的产物,在一定的历史条件下是必然出现的。但不应容忍《几何原本》的逻辑缺陷,必须清除《几何原本》中所有自觉或不自觉地依赖直观、常识和经验的成分,把所有必需的不定义概念和公理全都找出来,明确加以规定。唯有这样,才能真正超越欧几里得,才不至于今天仍然停留在两千多年前的水平上。

希尔伯特给出的公理,是不是太多、太琐碎、太繁杂了呢？如果某个人看了他的二十条公理之后,觉得其中不少规定是多余、没必要、多此一举的,那么此人本身就应该当心了:这种印象正说明他仍然停留在欧几里得时代的"规范"里,或者说停留在两千多年前的认识水平上。要理解希尔伯特给出的公理体系的价值和意义,必须具备现代的数学意识。现代数学对公理和公理方法的理解,强调它们的逻辑思维功能。从这个角度来看希尔伯特给出的公理,是不多不少、恰到好处的。关于几何公理,希尔伯特曾提出了完备性、独立性和相容性的要求,这一点前面已经提到。用这个标准衡量希尔伯特自己的公理体系,是完全合格的。希尔伯特给出的二十条公理,真正实现了完备性。所有几何定理都可以由这些公理推导出来,此外无须任何直观、常识和经验的帮助。从这个意义上说,希尔伯特给出的公理一个也不少。这些公理又都是完全独立的,不可能去掉任何一条公理(不会有任何一条公理可在别的公理基础上得到证明),就是说他给出的公理一个也不多。至于相容性的证明,希尔伯特采取了另外一种方式。他把几何学中的点同一对有序实数 (a,b) 等同起来,把一条直线与一组联比 $(u:v:w)$ (其中 u 和 v 不都为零)等同起来。若 $ua+vb+w=0$,则表明点在直线上。通过解析几何中平移和旋转的表达式,可以从代数角度理解叠合,就是说,若两个图形中有一个可以由另一个通过平移、X 轴上的反射和旋转而得到,则称它们是叠合的。这相当于给几何学的公理一个算术的解释。从而可以把几何公理的相容性归结为算术的相容性。如果算术是相容的,几何公理也一定是相容的。尽管算术的相容性当时尚未完全证明,但希尔伯特的这种处理方式是数学界完全接受的。

希尔伯特为几何学重新奠基的工作,得到了数学界的高度评价。《几何基础》一书出版之后,一位德国的评论员发现这本书是这样简洁明了,以致鲁莽地预言说:它可能很快就会被采用为初等教育的教科书(实际上这是不可能的)。一位美国评论家预言说:"希尔伯特著作所涉及的原理,这方面知识的广为传播,对于一切科学的逻辑处理,并且一般地说对于清楚的思维与写作,都将产生更巨大的效果。"这一预言后来倒成为现实。

庞加莱认为《几何基础》是一部经典著作。他指出,当代有些几何学家觉得,在承认以否定平行公理为基础的可能的非欧几何方面,他们已经达到了极限。如果他们读一读希尔伯特教授的这部著作,那么这种错觉就会消除。在这部著作中,他们将会发现:他们作茧自缚的屏障,已经被彻底冲垮了。

希尔伯特的学生马克斯·德恩(Max Dehn)认为,在希尔伯特的这部著作所产生的影响中,最有决定意义的是"那种特殊的希尔伯特精神……这就是:把逻辑力量与创造活力结合起来;藐视一切陈规旧俗;用一种几乎是康德哲学的意向将本质的东西转化成它的反题;最充分地运用数学思想的自由;等等!"

还有的学生在听完希尔伯特关于几何基础的演讲之后感慨地说:"只有少数目光敏锐的人在朦胧中探路前进,通过这灰暗的背景,忽然出现一片光明。"对于那些素来以《几何原本》为第一部数学入门书的成名数学家来说,希尔伯特的演讲尤其富有吸引力,"人们仿佛看到了一副非常熟悉但却变得更加崇高的面孔。"

关于《几何基础》的赞誉之词实在太多了。我们无法将其一一列举。希尔伯特在《几何基础》的卷首,引用了德国大哲学家康德的一段话作为题词:

"人类的一切知识皆始于直观,其次是概念,最后发展为理念。"

为希尔伯特撰写传记的康斯坦西·瑞德(Constance Reid)女士认为,康德关于几何公理实质的先验看法,已经由于公理方法的新观点而受到动摇。这一段引文,是希尔伯特对他这位老乡的优美的颂词。

诚然,康德关于几何公理的看法,仍然是属于欧几里得确定的"规范"的。但康德的哲学思想并不局限于他那个时代一般人的认识水平,而是具有某种超前性。希尔伯特对康德的思想有很深刻的理解。他引用这段话,是弦外有音的。人类的认识从直观开始,经由概念,发展为理念。这三个认识阶段首尾相接,后者以前者为基础,又是对前者的超越。由直观发展到概念,表现为逻辑思维的增强,但这时的认识还是各种孤立的、抽象的概念的集合体,还没有展示各种概念之间的内在联系,还没有构成一个有机的认识整体,因而还不是理念。到了理念阶段,人们对事物的内在联系有了整体的把握,认识到了事物的本质,这时对直观的东西就有了更深刻的理解。理念在形式上是抽象的,但在内容上要比直观的东西更丰富,更具体(当然这种"具体"是"思维中的具体",不是直观的具体)。希尔伯特的工作表明,欧几里得的《几何原本》实现了几何学由直观向概念的转变,甚至达到了初步的理念水平。但这种转变是不彻底的。《几何基础》的目的在于实现彻底的转变,真正地全面地达到理念水平。决不可把《几何基础》给出的公理系统当成一个更细致、更抽象、更多、更杂的概念集合,而是要把它理解为一种理念,一种反映几何学本质的理念。它是一个有机的认识整体,是对人类几千年来几何学认识成果的更全面、更系统、更深刻的概括和总结。

几何学之外的公理化

"桌子、椅子、啤酒杯"的比喻,从一开始就包含着超越几何学领域的味道。但究竟能够走多远,希尔伯特最初也不清楚。不过,至少有一点是肯定的,可以给点、线、面一个算术上的解释。就是说,《几何基础》的公理系统对于算术和代数领域的关系同样适用。

在《几何基础》一书的附录中,希尔伯特曾给出了一套实数系的公理,共分为四组。

第一组公理是连接公理,其中有六条公理:

公理 1-1　从数 a 与数 b 经过加法产生一个确定的数 c。用

符号表示就是 $a+b=c$ 或 $c=a+b$。

公理 1-2 若 a 与 b 是给定的两数,则存在唯一的一个数 x 与唯一的一个数 y,使 $a+x=b$ 与 $y+a=b$。

公理 1-3 存在一个确定的数,记为 0,使对每一个 a 都有 $a+0=a$ 与 $0+a=a$。

公理 1-4 从数 a 与数 b 经过乘法,产生一个确定的数 c,用符号表示就是 $ab=c$ 或 $c=ab$。

公理 1-5 若 a 与 b 是任意给定的两数,且 a 不是 0,则存在唯一的一个数 x 与唯一的一个数 y,使 $ax=b$ 与 $ya=b$。

公理 1-6 存在一个确定的数,记为 1,使对每一个 a 都有 $a \cdot 1=a$ 与 $1 \cdot a=a$。

第二组公理是运算公理,其中有六条公理:

公理 2-1 $a+(b+c)=(a+b)+c$。

公理 2-2 $a+b=b+a$。

公理 2-3 $a(bc)=(ab)c$。

公理 2-4 $a(b+c)=ab+ac$。

公理 2-5 $(a+b)c=ac+bc$。

公理 2-6 $ab=ba$。

第三组公理是顺序公理,其中有四条公理:

公理 3-1　若 a 与 b 是任意两个不同的数,则其中的一个必大于另一个,称后者小于前者;用符号表示便是 $a>b$ 与 $b<a$。

公理 3-2　若 $a>b$ 与 $b>c$,则 $a>c$。

公理 3-3　若 $a>b$,则下述关系成立:$a+c>b+c$ 与 $c+a>c+b$。

公理 3-4　若 $a>b,c>0$,则 $ac>bc$ 与 $ca>cb$。

第四组公理是连续公理,其中有两条公理:

公理 4-1　(阿基米德公理)若 $a>0$ 与 $b>0$ 是两个任意的数,则总可以把 a 自己相加足够的次数使 $a+a+a+\cdots+a>b$。

公理 4-2　(完备公理)对于数系,不可能加入任何集合的东西,使加入后的集合满足前述公理。扼要地说,数构成一个对象系,它在保持上述公理全部成立的情况下不能扩大。

希尔伯特指出,这些公理并不是互相独立的,有些可以从另一些推导出来。这些公理的相容性也必须证明。做到这一点后,由此定义出来的实数就在数学意义下存在了。希尔伯特当时并未意识到,实数公理的相容性很难证明。这个问题我们后面还要提到。

将实数系的公理同希尔伯特给出的几何公理系统相比较,可以看出它们在结构上惊人地相似。人们自然要联想到,当改变了欧几里得几何学的平行公理之后,导致了非欧几何学的创立。那么,类似的情况会不会在算术和代数领域发生呢?其实,这种事情在希尔伯特之前就已经发生了。实数系的公理化只不过是把这一历史进程加以系统的逻辑总结而已。

像加法和乘法的变换律与结合律,是如此简单而又不容置疑的规律,难道可以否定它们而得到某种另外的结果吗?事实正是如此的!当然,这意味着另外一些代数领域的开拓,意味着对实数系的超越。同非欧几何学的创立一样,这些新的代数领域的出现也是公理方法的巨大成就。

非交换的数学运算在希尔伯特出生前39年就已出现了。1843年,英国数学家威廉·罗万·哈密顿(William Rowan Hamilton)和他的妻子步行去都柏林途中来到布鲁姆桥。突然,一个意外的灵感使他长期以来苦苦思索的问题找到了答案。他发明了一种有着四个分量的数,叫作"四元数",它的最大特点是不符合乘法交换律。四元数的形式是这样:比如,$3+2i+6j+7k$,3是数量部分,i,j,k是沿三维坐标轴的向量,$2,6,7$是向量的坐标。i,j,k具有特殊的关系,$jk=i, kj=-i, ki=j, ik=-j, ij=k, ji=-k, i^2=j^2=k^2=-1$,这种古怪的运算可以用来解决与物体运动方向有关的大量物理实际问题。哈密顿曾为四元数应具有何种形式和运算规律探索了15年,其中关键的一步是放弃寻常的乘法交换律。从公理方法角度看,迈出这一步并不困难。但找到这个突破口却要付出异乎寻常的努力。

非结合的数学运算出现得要晚一些。最重要的非结合代数叫作"李代数",它起源于索福斯·李(Sophus Lie)的工作。索福斯·李是挪威数学家,以他的名字命名的代数的运算具有如下规律:如果用$[a,b]$表示这种代数的两个元素a,b的积,那么$[a,b]=-[b,a],[a,[b,c]]+[b,[c,a]]+[c,[a,b]]=0$。显然,它既不符合交换律,也不符合结合律。

非交换的和非结合的代数在现代数学和物理学研究中有着十分广泛的应用。现实世界中很多物理量的运算是不符合交换律和结合律的。相比之下,符合交换律和结合律的事例倒显得太单纯、太直观了。交换律和结合律原本是公理。从现代公理方法角度看,它们只是在一定范围内适用的最基本的数学关系,只是逻辑上的"约定"。它们是可以改变的,而改变它们往往导致数学观念的根本性变革和划时代的进展。希尔伯特在算术和代数公理化方面的工作,深刻揭示了非交换和非结合代数的理论实质和思想方法上的意义,从而使数学家对这一领域发生的巨大变化有了全面的清醒的认识。

希尔伯特关于公理和公理方法的新思想,对同时代和后来很多数学家是富有启发意义和引导作用的。他为几何学重新奠基的成功,使其他领域的数学家深受鼓舞,纷纷效仿。公理方法的触角超出了几何学的传统领地,超出了算术和代数等相邻领域,在整个数学世界掀起了公理化的热潮。一直习惯于把公理方法和几何学紧密联系在一起的人们,在这种变化面前往往目瞪口呆,因为他们难以想象公理方法竟会有这样大的效力。

让我们来浏览一下公理方法在几何学之外的辉煌业绩吧。

公理方法的显著成就之一,是集合论的公理化,尽管这方面的工作至今仍不完善。集合论是19世纪末才出现的理论成果,但"集合"概念被人们不自觉使用的历史,至少和整个数学史一样长久。集合论的创立者康托尔是希尔伯特的同乡。他的杰出贡献是发现了无限集合的一些鲜为人知的性质。在希尔伯特强调数学理论的相容性证明的观点影响下,很多数学家对集合论本身的相容性抱有很大期望。因为非欧几何的相容性已被归结为欧几里得几何的相容性。欧几里得几何的相容性又被归结为算术的相容性,而算术的相容性最后被归结为集合论的相容性,集合论的理论基础相当简单明了,逻辑性极强,给人的感觉是不会再出问题了。所以庞加莱曾经在1900年充满自信地宣告:"我们是否已最终地达到了绝对的严密性了呢?在它进程的每个阶段上,我们的先驱者都相信他们已达到了。如果他们是受骗了,那么,难道我们就不会像他们一样受骗吗?……在今天的分析中,如果我们小心翼翼地尽力严密,那么只有三段论法或诉诸纯粹数的直觉是不可能欺骗我们的,所以现在可以说,绝对的严密是已经达到了。"可惜,好景不长。两年以后,英国哲学家、数学家、逻辑学家伯特兰·罗素(Bertrand Russell)发现了集合论中存在"悖论"(肯定其为真即可推出其为假,肯定其为假即可推出其为真的命题,这是从根本上破坏逻辑相容性的命题)。罗素的悖论陈述起来比较复杂。简单地说,罗素构造了一个特别的集合 X,使任一集合 A,$A \in X$ 当且仅当 $A \notin A$(这是一个包含所有不以自身为元素的集合的集合)。如果把 A 取作 X,得知 $X \in X$ 当且仅当 $X \notin X$。即承认 $X \in X$ 即可推演出来 $X \notin X$,反之亦然,我们可以用一个与之等价的语义学悖论来说明罗素悖论的性质。比如,

"我在说谎"这句话,讲的是真话还是谎话呢?如果承认它是真话,那么这句话肯定应该是谎话(是真在说谎);如果承认它是谎话,那么这句话倒是真的了(因为说谎这件事是真事)。这一类悖论的实例还有不少。集合论悖论的严重性在于它发生在数学的根基部分,因而将危及整个数学大厦的安全。数学家一致认为,必须消除数学大厦的基础的隐患,即设法在集合论中排除悖论。这就是把原来康托尔以相当随便的方式阐述的朴素集合论合理化。这项工作是由德国数学家恩斯特·策梅洛(Ernst Zermelo)和后来的亚伯拉罕·弗兰克尔(Abraham Fraenkel)、约翰·冯·诺伊曼(John von Neumann)等完成的。这个公理系统简称 ZF 系统(Z 和 F 分别是策梅洛和弗兰克尔名字的头一个字母)。

ZF 系统的公理包括外延公理、空集公理、对偶公理、并集公理、幂集公理、子集公理、无限公理、选择公理、替换公理、正则公理等。外延、空集、对偶、并集、幂集、子集、正则等公理,实际上是规定集合概念的性质和集合运算规则的。根据子集、替换等公理,我们可以证明,那种"所有集合的集合"是不存在的,不应列入集合论的研究范围,这就从根本上避免了悖论。无限公理保证了自然数集的存在,幂集公理又进一步保证了实数集的存在。子集和选择公理为严格的数学分析理论提供了根据,替换公理为实数理论和数学分析的推广提供了根据。时至今日,ZF 系统中再没有悖论出现,这表明 ZF 系统的作用是巨大的。整个数学理论大厦似乎又恢复了昔日的稳固可靠。然而,ZF 系统的公理的相容性至今尚未完全证明,谁也无法保证将来 ZF 系统中不会出现悖论。用庞加莱的话说:"为了防备狼,羊群已用篱笆圈起来了,但却不知道在圈内有没有狼。"

公理化的下一个领域是概率论。这是一个靠赌博"起家"的数学理论。17世纪中叶,由于要解决赌博中出现的数学问题,法国数学家帕斯卡同费马(Fermat)通信进行研讨,提出了概率论的一个基本概念——数学期望。在这之前,一个生情狡诈,行为怪异的意大利数学家吉罗拉莫·卡尔达诺(Girolamo Cardano)写过一本《论赌博游戏》的书,但该书在卡尔达诺死后很久才出版。卡尔达诺本人就是积习很深的赌徒。《论赌博游戏》也被认为是第一本概率论的著作。概率论后来发展成为研究随机现象的数学规律的系统理论。所谓"随机现象",是指一些自然现象或社会现象,就其个别来看是无规则的,但是通过大量的试验和观察以后,就其整体来看却呈现出一种严格的非偶然的规律性。投掷钱币看其正反面、射击目标、气体分子的运动等,都是随机现象。概率论在物理、化学、生物学、医学、控制论、电子技术等领域有着广泛的应用。它揭示了很多相当复杂的随机现象的规律性。这样一个领域也有可能实现公理化吗?1933年,年仅30岁的苏联数学家柯尔莫戈洛夫(Kolmogorov)成功地回答了这一问题。柯尔莫戈洛夫是苏联莫斯科学派的重要成员。他实现概率论的公理化所依赖的工具,是实变函数论和测度论,这恰恰是莫斯科学派的数学家最擅长的领域。具体地解释概率论的公理,以及实变函数论和测度论的内容,就过于专门化了。作为一种直观的印象,人们只要想到,表面上似乎杂乱无章,要靠大量的试验和统计才能摸索出规律性的随机现象,最终也是由几条最基本的公理去支配和决定着,这就足以见到公理方法的威力了。

与概率论的公理化类似的情况,发生在拓扑学和泛函分析领域。这是现代数学中发展很快,影响很大,而且起着支柱作用的两个领域。拓扑学是研究几何图形在一一对应的双方连续变换下保持不变的性质("拓扑性质")的科学。比如,画在橡皮膜上的图形,在橡皮膜变形但不破裂或折叠时,有些性质是保持不变的、像曲线的闭合性、两曲线的相交性等,这些性质都是拓扑性质。正是这种直观的解释,使拓扑学有一个通俗的"雅号":"橡皮几何学"。拓扑学的萌芽产生于希尔伯特的出生地——哥尼斯堡。流经城市的布勒格尔河有两条支流,分别是新河和旧河,这两条支流在城市中心汇合成主河道,其间形成了岛区,有七座桥梁连接主流、支流与岛区。

当地的人们为了消遣,试图在一次连续的散步中走完所有这七座桥,但不准在任何一座桥上通过两次。结果发现,这个想法总是办不到。1736年,这件事传到数学家欧拉(Euler)那里。他经过仔细研究,在数学上证明了这的确是不可能的。这项研究成为后来的组合拓扑学研究的先声。系统的拓扑学理论基本上是在20世纪才发展起来的。1914年,德国数学家费利克斯·豪斯道夫(Felix Hausdorff)以1902年希尔伯特曾使用过的"领域"概念为基础,建立了拓扑空间的公理体系,并发展成为抽象拓扑学。至于泛函分析,解释起来比较困难,因为它太抽象、太专门化了。简单地说,泛函分析是变分法、集合论、积分方程等数学分支相互渗透并进一步发展的结果。其基本思想是把函数看作空间的点或元素,把函数的极限看作空间中点列的极限,这样就可以综合运用函数论、几何学和代数学的观点,研究无限维向量空间上的函数(这就是泛函)。希尔伯特本人曾经在积分方程领域有过杰出的贡献。他提出了极其重要的具有平方收敛和的数列空间概念,后来发展成为著名的希尔伯特空间理论。他在讨论特征值问题时创造了"谱"这个术语,提出了谱分析理论。到 20 世纪 20 年代,当量子力学蓬勃兴起之时,物理学家发现希尔伯特的谱分析理论原来是研究量子力学非常合适的数学工具。德国数学家恩斯特·施密特(Ernst Schmidt)和法国数学家莫里斯·弗雷协(Maurice Fréchet)继承和发展了希尔伯特在积分方程方面的工作,运用公理方法建立了抽象空间理论,进一步深化了人们对"空间"和"距离"概念的本质的认识,匈牙利数学家弗里杰什·黎兹(Frigyes Riesz)和波兰数学家斯特凡·巴拿赫(Stefan Banach)在发展泛函分析理论时也使用了公理方法。在实现希尔伯特空间的公理化方面作出突出贡献的,是希尔伯特的学生和合作者,著名数学家冯·诺伊曼。他和希尔伯特的年龄相差 40 多岁,但思想交流十分密切。他是希尔伯特家中的常客,对希尔伯特的思想有深刻的理解。从 1927 年开始,当时年仅 24 岁的冯·诺伊曼着手希尔伯特空间及希尔伯特空间中算子的公理化工作。他总结了前人的成果,提出了完备的公理系统,并把泛函分析的理论同量子理论联系起来,从而使推广了的希尔伯特理论能够完全满足物理学家的需求。

希尔伯特本人把公理方法的应用进一步延拓,以至完全超出数学领域,进入物理学的疆界。他本人对物理学的公理化表现出浓厚的兴趣。他认为,应该选出某些基本的物理现象作为公理,从这些公理出发,通过严密的数学演绎,就可以畅通无阻、令人满意地推导出全部观测事实,就像欧几里得从他的公理出发推导出全部几何定理一样。但是这一计划的实现,需要一位数学家。

希尔伯特开玩笑说:"物理学对物理学家来说是太困难啦。"

物理学家理解希尔伯特的意思。后来有一位诺贝尔奖金获得者说:"他虽然只是开个玩笑,但却表达了某种完全真实的心情,即对于这个纯粹思维领域中提出的问题的困难之尊重,而且只有以自己的全部才智去攻克这些问题的人才能够认识到这一点。"

希尔伯特在物理学的公理化方面取得了多项成就。他首先运用公理方法,成功地将积分方程论应用于气体分子运动学,建立起一个简单而又统一的理论体系。这一理论后来成为人造卫星运行的大部分工程计算的基础。他还运用公理方法处理了初等辐射论和物质结构论。令人惊异的是,希尔伯特竟然比爱因斯坦早5天,发表了关于广义相对论的研究成果,这是在物理学中运用公理方法的典型事例。希尔伯特受狭义相对论运用数学获得巨大成功的鼓舞,并为爱因斯坦关于相对论引力理论的设想和另一位物理学家古斯塔夫·米(Gustav Mie)试图把引力和电磁现象综合为纯粹场论的计划所吸引,从中看到了建立统一物质场论的希望。他于1914—1915年,运用变分法、不变式论等数学工具,按照公理方法直接进行研究。1915年11月20日,他向哥廷根科学会递交了论文《物理学基础,第一份报告》,其中写道:"遵循公理化方法,事实上是从两条简单的公理出发,我要提出一组新的物理学基本方程,这组方程具有漂亮的理想形式,并且我相信它们同时包含了爱因斯坦与古斯塔夫·米所提出问题的解答。"希尔伯特提出的公理及由此导出的引力场方程,同5天后爱因斯坦发表的结果是等价的,而后者的发表正是广义相对论创立的标志。可以说,希尔伯特和爱因斯坦彼此完全独立地建立了广义相对论的理论基础。作为一个数学家,希尔伯特的这一成就是非常不简单的。

除此之外,希尔伯特还和冯·诺伊曼等合作,推动了量子力学的公理化。他关于统一场论的研究,后来为他的学生,德国数学家外尔所发展,而当时爱因斯坦等著名物理学家对此却不理解。1928年以后,爱因斯坦转变了态度,寄希望于统一场论研究,并为此付出后半生的精力。

超出几何之外的公理方式,究竟能够走多远呢?现在谁也说不清楚。有些时候,就连倡导公理方法的专家也想象不到它的意外应用。希尔伯特在完成为几何学重新奠基的工作以后许多年,听说生物学家发现可以通过一组特定的公理来推导出果蝇的遗传规律,他高兴地说道:"如此简单和精确,同时又如此巧妙,任何大胆的想象都难以想到!"

上面讲的都是公理方法的"正统"事例,即通过公理化整理已有的理论研究成果,增强其逻辑性和条理化,使之成为进一步理论研究和应用的基础。下面我们再来看一些"异端"的例子,即类似非欧几何、非交换和非结合代数的例子。

在康托尔创立的集合论实现公理化之后,同欧几里得几何学类似的经历便出现了。数学家发现,集合论中也有一个公理,处于同平行公理类似的地位上,这个公理就是选择公理。简略地说,这个公理指出,如果 a 是任一个集族 $\{A, B\cdots\}$,并且在 a 中不存在空集,那么存在一个集合 Z,它恰好由 a 所有集合 $A, B\cdots$ 的各一个元素组成。

例如，如果 a 由两个集合组成，即所有三角形的集合和所有正方形的集合，那么 a 显然满足选择公理，我们只选用某个特殊三角形和某个特殊正方形，然后使这两个元素组成 Z。

选择公理和平行公理一样，看上去符合直观与常识，好像不会出什么问题，但选择公理涉及"任何"集族，而事实上存在着一系列越来越大的无限集合，因而不存在从它的所有集合中实际上逐一选择元素的方法。接受选择公理只意味着相信这种选择的可能性，正如接受平行公理表示我们相信直线在无限延长时将会如何一样。选择公理在集合论中十分重要，很多集合论的定理以至数学分析定理，都是以它为基础推导出来的。但选择公理的使用也带有很大风险，因为涉及"任何"的事情，没准哪天就会出现悖论。因而，一些数学家倾向于绕开它，即在 ZF 系统中去掉选择公理，而采用它的某种否定形式。这样就导致了一种新型的集合论——非康托尔集合论。非康托尔集合论的创立是著名美国数学家保罗·约瑟夫·科恩（Paul Joseph Cohen）的重要成就之一。关于他的工作，我们后面还要谈到。

还有一个"异端"成就是非标准分析。它是 20 世纪 60 年代初由美国数学家亚伯拉罕·罗宾逊（Abraham Robinson）创立的。非标准分析是相对于标准分析而言的。后者指 19 世纪完成的作为现代数学支柱之一的数学分析理论，它的基础部分是 17 世纪由牛顿和莱布尼茨创立的微积分理论。在现行的中学教材的最后一部分，作为选修内容，介绍了一些微积分理论基本知识。这些被称为高等数学入门的知识，实际上在 300 年前就已出现，现在看来早已不具备"高等"的含义。但对于非数学专业的一般读者来说,这些知识仍然是不好懂的,因为它们十分抽象,形式化程度很高。作为一般的定性叙述,我们只需指出,在牛顿、莱布尼茨那个时代,对微分、积分、导数等概念的说明,还是很直观生动的,但逻辑上不够严密。后来由于逻辑严格性日益增强,直观生动的说明为抽象艰深的推导所代替,逐渐变成数学界公认而外行却几乎一点儿看不懂的"标准"的数学理论。牛顿、莱布尼茨的微积分理论,承认无穷小量的实际存在。所谓"无穷小量",直观上说就是"要多小有多小""比任何给定的小量都小"的量,我国古代哲学家庄子在《庄子·天下》里说:"一尺之捶,日取其半,万世不竭",讲的就是这个意思。这种描述在数学上当然是不严格的,逻辑上也会造成混乱,比如不同层次的无穷小量(不同阶的导数和微分)就无从区分。后来,到了 19 世纪,法国数学家柯西(Cauchy)和德国数学家魏尔斯特拉斯绕开无穷小量是否存在的问题,用一种在逻辑上潜在地承认无穷小量的抽象说法,来叙述微积分基本概念,这样就把数学分析理论搞得相当复杂,不易理解和掌握。罗宾逊的工作是用严格的逻辑推理证明无穷小量在数学上的合法性,同时保留其直观生动性,并把不同层次的无穷小量用直观生动的形式表现出来。这就需要改变一个重要的数学公理——阿基米德公理。前面提到,阿基米德公理指的是,若 $a>0$ 与 $b>0$ 是两个任意的数,则总可以把 a 自己相加足够的次数,便 $a+a+\cdots+a>b$。可是,在非标准分析中,实数轴上任意一点都应看作一个"单子",它的内部是有结构的。如果将其用类似显微镜的方法"放大",其内部有无限多个无穷小量,仍可按大小顺序展布在一个数轴上。(这个过程还可继续"放大"下去,由此展现出一个有层次的空间结构)。单子内部的无穷小量叫"非标准实数",它们可能大于零,然而大于零的非标准实数无论自身相加多少次,也不会"跑到"单子外边去,即不会超过比这个单子更大一些的有限实数。换句话说,非标准分析的空间结构和运算规则具有非阿基米德公理的性质。这是一个崭新的数学领域。

随着现代数学研究的进展,还有不少"异端"的数学理论已经或正在运用公理方法"制造"出来,最新的进展包括比黎曼的非欧几何学走得更远的"非黎曼几何"。公理方法仿佛无孔不入的潜流,广泛渗透到各个数学和自然科学领域中去。现在还看不到公理方法的适用边界究竟在哪里。当然,无论公理方法多么有效,它总不会是万能的,更不会成为数学家手中唯一的武器。

回顾公理方法的发展过程,人们可以越来越深入地体会到"桌子、椅子、啤酒杯"的寓意。在这种相当大跨度的思想引导下,欧几里得几何学中的"点、线、面"变幻出千姿百态的形式,古老的公理方法披上了概率论、集合论、拓扑学、泛函分析、物理学、生物学等一件件"新装"。希尔伯特本人对公理方法的成就是极为欣赏的。他说:"的确,不管在哪个领域里,对于任何严正的研究精神来说,公理化方法都是并且始终是一个合适的不可缺少的助手;它在逻辑上是无懈可击的,同时也是富有成果的;因为它保证了研究的完全自由。在这个意义上,用公理化方法进行研究就等于用已掌握的东西进行思考。早年没有公理化方法的时候,人们只能朴素地把某些关系作为信条来遵守,公理化的研究方法则可去掉这种朴素性而使信仰得到利益。"

他踌躇满志地说:"能够成为数学的思考对象的任何事物,在一个理论的建立一旦成熟时,就开始服从于公理化方法,从而进入了数学。通过突进到公理的更深层次……我们能够获得科学思维的更深入的洞察力,并弄清楚我们的知识的统一性。特别是,得益于公理化方法,数学似乎就被请来在一切学问中起领导的作用。"

希尔伯特讲这番话的时候,他正在瞄准下一个目标,即把公理方法推向所有数学领域,从数学基础的重新奠定入手,实现整个数学体系的公理化。这是一个极其宏伟的目标,不幸的是遇到了无法克服的障碍,我们将在第六章专门谈这件事。"桌子、椅子、啤酒杯"最终没有变成全部数学,这是希尔伯特始料不及的,但这并不影响希尔伯特倡导的公理化运动的巨大声望和辉煌成就。

希尔伯特运用公理方法获得的成功,源于他对数学作为有机整体的特性的深刻理解,源于他对数学的"生命"的探索和把握。如果人类的知识不具有内在的统一性,如果数学知识不是人类运用逻辑工具不断组织和构建起来的,公理方法是无从发挥其作用的。布尔巴基学派曾指出:"数学科学内部的进化,比任何时候都巩固了它的各个部分的统一,并且建立起比任何时候都更加有联系的整体,一个数学所特有的中央核心。这个数学进化最重要的地方在于,各种数学理论之间的关系的系统化,它的总结就是通常被称为'公理方法'的方向。"作为希尔伯特公理化思想的继承者,布尔巴基学派的评论是十分准确的。

总的说来,希尔伯特的公理化思想着眼于对数学发展的整理、总结和提高。用希尔伯特的话来说,是"用已掌握了的东西进行思考"。这是希尔伯特思想风格的一个方面。另一方面,是他对未掌握的东西进行预见,这是具有战略意义的工作。就在希尔伯特的《几何基础》一书出版后不久,他在1900年的巴黎国际数学家大会上发表了一次著名的演讲,这次演讲使他在全世界数学家面前声名鹊起。

五 "魔笛"的诱惑

有一个流传很广的德国民间传说:早年,哈梅林(Hameln)这个地方一度鼠害猖獗,居民甚为其苦。一日,忽有一身穿花衣的流浪汉来临,声言他有魔笛一支,可除祸患。当地贵族应许事成之后重金酬谢。果然,花衣吹笛人吹响魔笛,将众鼠引入河中统统淹死。但此时贵族却翻脸不认账,拒不履行诺言。于是花衣吹笛人再次吹响魔笛,该城儿童130名闻声自动随之出走。此事在哈梅林教堂的石碑上有文字记载。时至今日,哈梅林市几乎所有商店橱窗全都陈列大大小小的老鼠,棕黄色,安了胡须,既像皮革缝制的,又像泥巴捏成的。而花衣吹笛人的雕像依然耸立在市内广场的中央。

或许人们总喜欢用本国的民间传说打比方,来赞誉自己的同胞。希尔伯特的学生,著名数学家外尔在希尔伯特去世时的悼词中曾说:"希尔伯特就像身着花衣的风笛手,他那甜蜜的笛声诱惑了如此众多的老鼠,跟着他跳进了数学的深河。"

外尔的赞誉事出有因。希尔伯特的"魔笛",是在1900年巴黎国际数学家大会上吹响的。

动人的"旋律"

1900年盛夏,巴黎大学的讲演厅里空气闷热,年仅38岁的希尔伯特走上讲台,面对来自世界各国的数学家,用深沉稳重的声调开始了他的题为"数学问题"的演讲。安排这次演讲的邀请几个月前就发出了,因而希尔伯特有充分的时间字斟句酌。他的演讲充满激情。一曲动人的"旋律"回荡在听众们的心头。

"我们当中有谁不想揭开未来的帷幕,看一看在今后的世纪里我们这门科学发展的前景和奥秘呢?我们下一代的主要数学思潮将追求什么样的特殊目标?在广阔而丰富的数学思想领域,新世纪将会带来什么样的新方法和新成果?

"历史教导我们,科学的发展具有连续性。我们知道,每个时代都有它自己的问题,这些问题后来或者得以解决,或者因为无所裨益而被抛到一边并代之以新的问题。如果我们想对将来数学知识可能的发展有一个概念,那就必须回顾一下当今科学提出的期望在将来能够解决的问题。现在,当此世纪更迭之际,我认为正适于对问题进行这样一番检阅。因为,一个伟大时代的结束,不仅促使我们追溯过去,而且把我们的思想引向那未知的将来。

"某类问题对于一般数学进展的深远意义及它们在研究者个人的工作中所起的重要作用是不可否认的。只要一门科学分支能提出大量的问题,它就充满着生命力;而问题缺乏则预示着独立发展的衰亡或中止。正如人类的每项事业都追求着确定的目标一样,数学研究也需要自己的问题。正是通过这些问题的解决,研究者锻炼其钢铁般的意志和力量,发现新方法和新观点,达到更为广阔和自由的境界。……"

希尔伯特滔滔不绝地讲下去。富有哲理的思想加上明快优美的语言,显示出特有的魅力。他仿佛不是在谈论常被人以为枯燥无味的数学,而是在谈论某种充满活力的艺术。他在向听众诉说自己的鉴赏、自己的感受、自己的期望。他谈到对堪称完善的数学问题的要求,那就是清晰、易懂、困难却又并非不可解决。他引用一位法国老数学家的话说:"一种数学理论应该这样清晰,使你能向大街上遇到的第一个人解释它。"他谈到数学问题的起源,指出每个数学分支中那些最初、最老的问题肯定是起源于经验,是由外部现象所提出。但随着一门数学分支的进一步发展,人类的智力受到成功的鼓舞,开始意识到自己的独立性。它自己就以一个真正提问者的身份出现。它通常不受来自外部的明显影响,而只是借助于逻辑组合、一般化、特殊化,巧妙地对概念进行分析和综合,提出新的富有成果的问题。其间,当纯思维的创造力进行工作时,外部世界又重新开始起作用。数学家在他们这门科学各分支的问题提法、方法和概念中所经常感觉到的那种令人惊讶的相似性和仿佛事先有所安排的协调性,其根源就在于思维与经验之间这种反复出现的相互作用。他说:"一个新的问题,特别是当它来源于外部经验世界时,很像一株幼嫩的新枝,只要我们小心地、按照严格的园艺学规则将它移植到已有数学成就粗实的老干上去,就会茁壮成长,开花结果。"

希尔伯特还谈到对一个数学问题的解答的一般要求,这就是严格化与简单化。他说:"我要反对这样一种意见,即认为只有分析的概念,甚至只有算术的概念才能严格地加以处理。这种意见,有时为一些颇有名望的人所提倡,我认为是完全错误的。"希尔伯特这番话当然有所指,其中最典型的一位是那位当时很负盛名的德国数学家克罗内克。克罗内克主张:没有什么东西能被说成在数学上是存在的,除非它能够用有限个正整数实际构造出来。按照他的观点,算术是严格可靠的,数学应该"算术化",凡是不能算术化的东西都应该一律清除掉,甚至无理数、无穷集合,以及数学分析的大部分内容,都在打发之列。希尔伯特明确地提出了对他的主张的批评意见。希尔伯特尖锐地指出:"对于严格性要求的这种片面理解,会立即导致对一切从几何、力学和物理中提出的概念的排斥,从而堵塞来自外部世界的新的材料源泉,最终实际上必然会拒绝接受连续统和无理数的思想。这样一来,由于排斥几何学和数学物理,一条多么重要的、关系到数学生命的神经被切断了!"

希尔伯特进一步讨论了数学问题中常会遇到的困难和克服这些困难的办法。他提出了一般化和特殊化所起的作用,并谈到人们有时在不充分的前提下或不正确的意义上寻找问题的解,因而不会成功,这时就会产生新的任务,即证明在所给的前提和所考虑的意义下原来的问题不可解。希尔伯特相信:"每个确定的数学问题都应该得到明确的解决,或者是成功地对所给问题作出回答,或者是证明该问题解的不可能性。"他充满信心地宣告:"因为在数学中没有不可知(ignorabimus)!"

讲到这里,希尔伯特开始提出他那充满神奇力量的23个问题。这些问题是他事先经过反复考虑挑选出来的。他在这上面用去了整整八个月的时间。尽管已是深思熟虑,他仍然谦逊而慎重地说:"数学问题的宝藏是无穷无尽的,一个问题一旦解决,无数新的问题就会代之而起。下面请允许我尝试着提出一些特定的问题,它们来源于数学的各个分支。通过对这些问题的讨论,我们可以期待科学的进步……"

对于不熟悉现代数学研究的人们来说,希尔伯特下面的表述就像某种生疏的外语一样艰涩难懂。从外语的音调和讲述者的表情中,人们总还可以猜到某些意思,而极度专业化的数学语言连这一点也达不到,因为它没有感情色彩。看来事情不像希尔伯特想得那样,可以把一种数学理论随便向大街上遇到的任何第一个人加以解释。不过我们总还可以略作解释说明,力求使读者对他的 23 个问题多少有点印象。

这 23 个问题的表述并不像他前面的演讲那样文采飞扬,但对于数学家来说却是扣人心弦的。

1. 康托尔的连续基数问题

简单地说,每个由无穷多个实数组成的系统,即每个无穷数集,或者等价于全体自然数的集合,或者等价于全体实数的集合,从而等价于连续统即一条直线上点的全体。康托尔猜到了这种关系的存在,将其称为"连续统假设"。问题在于对这种假设需要证明。

2. 算术公理的相容性

尽管算术这个数学分支已发展得相当成熟,但算术公理的相容性(无矛盾性)并未得到严格证明。算术公理无非就是熟知的运算规则再加上连续公理。要证明它们之间的相容性是相当困难的,但这种证明能为整个数学体系的严格化提供一个可靠基础。

3. 两个等底等高的四面体体积之相等

这个问题的意思是说,存在两个等底等高的四面体,它们不可能分解为有限个小四面体,使这两组四面体彼此全等。这个问题需要证明。

4. 直线作为两点间最短距离的问题

常有人把"直线是两点之间的最短距离"当成几何公理,其实它是一条定理。欧几里得借助于以合同公理为基础的外角定理证明了这条定理。那么,能不能寻找一种几何,使得除了三角形合同公理外,所有通常的欧几里得几何公理都成立呢?由此可引发出一系列深刻问题。

5. 索福斯·李的连续变换群概念,不要定义群的可微性假设

"连续变换群"是现代数学中一个十分重要的研究对象,人们通常假定它是可微的(可以进行微分运算求其导数)。问题是,如果不要这种假设会发生什么情况?

6. 物理公理的数学处理

公理方法在几何学中获得了巨大成功,这种方法也可以用到物理学上吗?希尔伯特希望首先在概率论和力学方面有所突破。

7. 某些数的无理性和超越性

比如,若 α 是代数数,β 是无理数,那么表达式 α^β (例如 $\alpha^{\sqrt{2}}$ 或 $e^\pi = i^{-2i}$) 应表示一超越数或至少是一无理数。这一点需要证明。

8. 素数问题

希尔伯特在这里提到著名的黎曼猜想、哥德巴赫猜想和孪生素数猜想。

9. 任意数域中最一般的互反律之证明

这是一个相当专门化的代数问题,我们暂且绕过它。

10. 丢番图方程可解性的判别

以古希腊数学家丢番图命名的方程的可解,其实就是求出一个整数系数方程的整数根。希尔伯特要问的是,能否用一种有限步构成的一般算法判别一个丢番图方程的可解性?

11. 系数为任意代数数的二次型

12. 阿贝尔域上的克罗内克定理在任意代数有理域上的推广

13. 不可能用仅有两个变数的函数解一般的七次方程

14. 证明某类完全函数系的有限性

15. 叔伯特计数演算的严格基础

16. 代数曲线和曲面的拓扑

以上六个问题都是相当专门化的问题,三言两语说不清楚。有一些现代数学基础知识的读者可能很容易弄清楚它们的含义,关键是读懂这些问题的数学表达式,它们是用特定的数学语言表述的,其中有很多生僻词汇。其实这些问题提得都很质朴,并不复杂但却切中要害。

17. 正定形式的平方表示式

这个问题或许可作一点解释。带有实系数的任意个变数的有理整函数或形式叫作正定的,即变数取任意实值时它都不能为负。换句话说,一个实系数 n 元多项式对一切数组 $(X_1, \cdots, X_n)$ 都恒大于或等于零。希尔伯特考虑的是所有正定形式可否用形式的平方和表示的问题。

18. 由全等多面体构造空间

这个问题是说,是否存在这样的多面体,经由它的全等多面体适当地毗连,可能完全充满整个空间?

19. 正则变分问题的解必定是解析的吗?

20. 一般边值问题。

21. 具有给定单值群的线性微分方程存在性的证明。

22. 通过自守函数使解析关系单值化。

23. 变分法的进一步发展。

这几个问题也相当专门化。其意义在于它们涉及变分法、函数论、方程论中一些核心的概念和原理,而它们在物理学、化学等领域有着广泛而重要的应用。比如说"解析函数",它指的是定义在复平面上的复变函数 $F(Z)$ 在某个区域 D 内处处有导数。多项式和指数函数是解析函数的最简单例子,而这里的问题涉及的都是解析函数中相当复杂的情况。希尔伯特在演讲中强调:"解析函数的概念蕴含了科学上最重要的函数的全部财富"。值得注意的还有变分法的问题。它的最简单最原始的问题是最速降线问题,即求一质点在没有初速情况下由一点降到另一点时,沿哪条曲线运动所需时间最短。后来的问题当然要复杂得多了。希尔伯特觉得数学界对变分法并未给予应有的评价。于是他用了不少时间对变分法作进一步阐发。关于这 23 个问题的说明,在一大堆相当专门化的数学公式的推演中宣告结束。

当希尔伯特解释这 23 个问题的时候,他完全是以职业数学家的形象出现的,当然也只有职业数学家才能完全体会这一段演讲的力量和美感。一般的读者只能从中获得一点浮光掠影的印象,仿佛乘车初入一陌生的大都市,只看见一幢幢气势宏伟、风格各异的摩天大楼,却弄不清它们是干什么用的。等到演讲从一堆数学公式中冲出来之后,希尔伯特那种能够感染大众的风格随即恢复了。

"……以上提出的问题,只不过是一些例子;但它们已经显示出今日的数学科学何等丰富多彩,何等范围广阔!

"我认为,数学科学是一个不可分割的有机整体,它的生命力正是在于各个部分之间的联系。尽管数学知识千差万别,我们仍然清楚地意识到:在作为整体的数学中,使用着相同的逻辑工具,存在着概念的亲缘关系,同时,在它的不同部分之间,也有大量相似之处。我们还注意到,数学理论越是向前发展,它的结构就变得越加调和一致,并且,这门科学一向相互隔绝的分支之间也会显露出原先意想不到的关系。因此,随着数学的发展,它的有机的特性不会丧失,只会更清楚地呈现出来。

"数学的有机的统一,是这门科学固有的特点,因为它是一切精确自然科学知识的基础。为了圆满实现这个崇高的目标,让新世纪给这门科学带来天才的大师和无数热诚的信徒吧!"

希尔伯特的动人"旋律"就此打上了休止符。一曲终了,余音绕梁。甜蜜的笛声唤起了一股强劲的数学研究的浪潮。

辉煌的进军

希尔伯特的"魔笛"震撼了整个数学界。部分原因是由于他的巨大成就和与日俱增的声望,使数学家相信这 23 个问题都是绝顶重要的。一个数学工作者只要解决了其中的任何一个问题,就可以使自己一举成名。

随即而来的是追随希尔伯特的数学"老鼠"们锲而不舍地向23个问题进攻的壮观场面。

与23个问题有关的第一个重要结果是在1900年当年得到的。希尔伯特的学生,22岁的德恩证明了(如希尔伯特所猜测的那样)一个正四面体不可能被剖分后再拼合成一个体积相等的立方体。这给出了第三问题的部分解答。第二年,德恩完全解决了这个问题。于是他成为对解决希尔伯特23个问题作出贡献的,后来被称作"荣誉等级"的数学家行列中第一名数学家。

紧接着,1904年,苏联数学家谢尔盖·伯恩斯坦(Sergei Bernstein)在第十九问题上获得重要成果。1907年德国数学家保罗·克伯(Paul Koebe)在第二十二问题上有所突破,解决了一个变数时的情况。1910年,德国数学家路德维希·比勃巴赫(Ludwig Bieberbach)在解决第十八问题上取得重要进展。比勃巴赫由于强烈的反犹太情绪而使他在数学界的名声很糟,但他提出的"比勃巴赫猜想"也使数学家难以忘怀。

1920年,日本数学家高木贞治(Takagi Teiji)在解决第九问题上作出杰出贡献。高木贞治是自觉追随希尔伯特进入数学殿堂的东方学者。他是农民的儿子,小时候是一个孤独的神童。他15岁时免试被推荐进入京都著名的第三高等学校(高中)学习,19岁时被推荐进入东京帝国大学(现东京大学)数学系学习。23岁时,他漂洋过海来到德国留学,当时的心情用他自己的话说是"既高兴又恐惧"。德国当时是数学大师云集之处,一流的研究水平给人以高不可攀的印象。高木贞治到德国的第一站是柏林。

一年半之后，就是在希尔伯特作"数学问题"演讲的前5个月，高木贞治外出听课途中偶尔在哥廷根停留。凭他敏锐的感觉，他发现哥廷根的这位数学大师更为罕见，于是立即转到哥廷根来留学。菲利克斯·克莱因和希尔伯特的学术思想和治学风格，对他产生了深刻影响。在希尔伯特的指导下，高木贞治以代数数论为自己的研究方向，首先攻克了克罗内克老先生留下的一个著名的悬而未决的猜想（这个猜想的内容很专门化，但由于与克罗内克年轻时的研究工作有关，所以获得了"克罗内克青春之梦"这个浪漫的称号）。随后，高木贞治在希尔伯特的工作的基础上，于1920年正式创立类域论。这是向解决希尔伯特第九问题迈出的关键一步。1922年，他又发表了"关于任意代数域的互反法则"这一重要论文。两位年轻的数学家埃米尔·阿廷(Emil Artin)和赫尔穆特·哈塞(Helmut Hasse)在此基础上继续做了一些工作。到1927年，希尔伯特第九问题宣告完全解决，而且最后的解答在深度和广度上超出了希尔伯特最初想象的范围，并带来了类域论这一新的数学领域的出现，这是一个相当漂亮的数学成果。

来自奥地利的数学家阿廷乘胜进军。1926年，他又解决了希尔伯特第十七问题。我们在前一年已经提到，1933年，莫斯科学派的著名数学家柯尔莫戈洛夫完成了概率论的公理化，这就部分地解决了希尔伯特第六问题。另一位苏联数学家亚历山大·奥西波维奇·盖尔丰德(Alexander Osipovich Gelfond)1934年部分地解决了希尔伯特第七问题。1935年，德国数学家西奥多·施奈德(Theodor Schneider)也独立地解决了这一问题。说到这里，有一段近乎滑稽的小插曲，它从一个方面反映了希尔伯特的个性。1920年，希尔伯特做过一次演讲，其中谈到有些数学问题乍看起来简单，但实际解决起来却非常困难，如黎曼猜想、费马定理和 $2^{\sqrt{2}}$ 的超越性（他提出的第七问题）。听讲的学生中有一个高大而腼腆的青年人卡尔·路德维希·西格尔(Carl Ludwig Siegel)。他清楚地记得希尔伯特说过，黎曼猜想的研究已取得很大进展，很有希望在自己活着的时候看到它的证明。费马问题历史悠久，解决它需要全新的方法，在座的最年轻的听众可以看到这个问题的解决，至于 $2^{\sqrt{2}}$ 的超越性的证明，恐怕这个教室里没有一个人能看到了！结果如何呢？事实恰恰与希尔伯特预料的相反，前两个问题至今还看不到有解决的希望，而就在希尔伯特这次演讲后不到10年，盖尔丰德就证明了 $2^{\sqrt{2}}$ 的超越性。在盖尔丰德工作的基础上，西格尔很快证明了 $2^{\sqrt{2}}$ 的超越性。

有趣的事情还在后面。西格尔把自己的证明寄给了希尔伯特，他在信中提到了希尔伯特1920年演讲中说的那番话，同时强调这一重要结果应归功于盖尔丰德。希尔伯特看到西格尔的结果后，立即写了一封热情洋溢的回信，信中对盖尔丰德的工作却只字未提。希尔伯特有时带有一种偏见，"仿佛任何数学成果都是哥廷根的产品"。他打算只发表西格尔的结果，但西格尔没有答应，于是希尔伯特对这件事情的全部兴趣顿时消失了。看来，这位数学"风笛手"偶尔也会奏出一两个不和谐音符，使追随他的数学"老鼠"吓一跳。

从20世纪20年代到60年代，还有很多数学家围绕着解决23个问题这一主题工作，取得了许多重要成果。德国的哈塞在1929年，西格尔在1936年和1951年，分别在解决第十一问题上取得突破。苏联的弗拉基米尔·伊戈雷维奇·阿诺尔德(Vladimir

Igorevich Arnold)在1957年,亚历山大·格里戈里耶维奇·维土斯金(Alexander Grigorievich Vituskin)在1964年,分别在解决第十三问题上取得突破。1952年,美国的齐宾(Zippin)、格利森(Gleason)、蒙哥马利(Montgomery)等完全解决了第五问题。1958年,日本数学家永田雅宜(Masayoshi Nagata),对第十四问题给出否定的解答。……希尔伯特的23个问题,为数学家摆开了一个广阔的战场。不同年龄、不同肤色、不同国家的数学家趋之若鹜,纷纷投入这场规模空前的进军。中国人的名字是20世纪30年代开始出现在这个行列中的。中国数学家的工作联系着一个赫赫有名的课题——"哥德巴赫猜想",它是希尔伯特第八问题的组成部分。

在当代中国,由于作家徐迟的同名报告文学的影响,哥德巴赫猜想似乎已家喻户晓。很少有哪个纯数学命题获此殊荣。人们谈到它,总要联想到陈景润,联想到"数学皇冠上的明珠"。其实,哥德巴赫猜想对于数学工作者的吸引力,在很大程度上是由于希尔伯特的23个问题里提到它,把它摆到一个很重要的位置上。

向哥德巴赫猜想的进攻,正是在1900年希尔伯特吹响"魔笛"后有明显进展的。在这之前,数学家已经付出长期的努力。事情的缘由是这样:1742年,当时作为普鲁士派往俄罗斯的公使的哥德巴赫,写信给著名数学家欧拉,叙述了他的未加证明的论断,即每一个大于2的偶数都可以表示为两个素数之和。欧拉反复研究了这个论断后复信给哥德巴赫说:"虽然我不能证明它,但我确信这是一个完全正确的定理。"鉴于欧拉的崇高声望,这个问题立刻吸引了许多数学家,但尝试解决它的多次努力均未获成功。一百多年过去了。就在人们的兴趣趋于平缓的时候,希尔伯特的演讲旧事重提,又激起了人们新的热望。1920 年,挪威数学家弗里茨·布伦(Viggo Brun)运用解析数论的方法,证明每个大偶数均可表示为两个素因子个数不超过 9 的数之和,简记为命题(9+9)。1924 年,德国数学家拉德马哈尔(Rademacher)证明了(7+7)。1932 年,英国数学家爱斯特曼(Estermann)证明了(6+6)。1938 年和 1940 年,苏联数学家布赫斯塔勃(Buchstab)分别证明了(5+5)和(4+4)。1956 年,苏联数学家维诺格拉托夫(Vinogradov)证明了(3+3)。1948 年,匈牙利数学家兰恩易(Rényi)沿着另一条途径,证明了(1+6)。这些重要进展,为中国数学家日后施展才能打下了基础。

在解决哥德巴赫猜想方面首先作出贡献的是被称为中国数学"泰斗"的华罗庚。这位出身贫寒、自学成才的大数学家,早在清华大学当办事员和助教时,就对希尔伯特的"数论报告"有浓厚兴趣。1938 年,他证明了"几乎全体偶整数都能表示成两个素数之和"。换句话说,任取一个偶数,它能表示成两个素数之和的概率是 1。华罗庚后来还在中国科学院数学研究所组织领导了"哥德巴赫猜想"讨论班。他发现了陈景润的才华后,设法将陈景润调到数学研究所工作,这些都是功德无量的事情。

华罗庚的学生王元深受导师的影响,继续推进关于哥德巴赫猜想的研究。1956 年,年仅 26 岁的王元证明了(3+4),为中国首次取得哥德巴赫猜想研究的世界领先地位。1957 年他又证明了(2+3)。1962 年,当时还是山东大学讲师的 28 岁青年潘承洞证明了(1+5)。同年,他和王元又分别证明了(1+4)。也许是一种偶然的巧合,华罗庚、王元、潘承洞都是江苏人,并且都是在26～28 岁在哥德巴赫猜想研究上作出重要贡献。

继他们之后的陈景润是福建人,成名时间也晚一些。这可能与他崎岖的成才道路有关。1966 年他在《科学通报》第十七期上发表了有关(1+2)的证明,当时他已 33 岁。陈景润的性格深沉、内向,但在事业上有执著的追求。他几乎倾注全部心血研究哥德巴赫猜想,甚至达到如痴如狂的程度。作家手下妙笔生花,关于陈景润的各种传说不胫而走。其中难免有些虚构和夸张的成分。在相当一部分群众心目中,陈景润就是数学家的典型,而陈景润是"苦行僧",是除了数学之外对什么都不感兴趣的"怪人",是不食人间烟火的"圣人"。由此推之,数学家大概也都是这样一种形象。把数学的推理用到这上面,是令人啼笑皆非的。因为它给人们一种不正确的,甚至可以说不公平的印象。且不说希尔伯特这位"风笛手"有何等艺术魅力,也不说华罗庚如何才华横溢,文辞动人。即使是陈景润,也并非不懂生活,不懂艺术(当然他追求的是数学这种精神活动中的艺术,是职业数学家才能欣赏到的艺术)。他的天性是属于他本人的,并不属于整个数学家阵营。他的崎岖的生活道路,多半是与社会因素有关,并非数学研究本身使然。以偏概全是不符合数学精神的。陈景润的工作的意义,只有放到数学发展的社会文化背景上才能完全看清楚。

如果说陈景润的工作节奏中有着希尔伯特思想的"旋律",似乎使人感到牵强。其实,只要考虑一下陈景润的成果为什么在 1973 年才完全发表,事情就清楚了。陈景润关于(1+2)的论文原稿有 200 多页。他说:"我的解答太复杂了,……数学论文的要求是正确性和简洁性。譬如从北京城走到颐和园那样,可有许多条路,要选择一条最准确无错误,又最短最好的道路。我那个长篇论文是没有错误,但走了远路,绕了点儿道,长达两百多页,也还没有发表。从那年到今天已经过去了 7 年。""我的成果又必须表现在这样的一篇论文中,虽然是专业性质的论文,文字是比较简单的;尽管是相对地严密的,又必须是绝对地精确的。……所以我考虑了又考虑,计算了又计算,核对了又核对,改了又改,改个没完。我不记得我究竟改了多少遍! 科学的态度应当是最严格的,必须是最严格的。"关于数学的简单性和严格性的这番议论,不正是希尔伯特演讲中有关思想的现代再现吗? 很难说陈景润的观点是否直接来自希尔伯特演讲的启示。但至少可以说,希尔伯特的动人"旋律"对数学家的影响如此之深,以至于潜移默化,世代相传,成为他们的思想观念和行为准则中不可分割的组成部分。

陈景润关于(1+2)的证明,是目前在哥德巴赫猜想方面最好的结果。尽管问题没有最终解决,但能够保持世界领先地位已经很不容易了。中国人在解决 23 个问题方面的另一项成果是人们不大熟悉的。在解决第十六问题上,苏联数学家彼得罗夫斯基(Petrovsky)曾宣称取得一项结果,即如果 X,Y 是 x,y 的 n 次多项式,那么当 $n=2$ 时,$\mathrm{d}y/\mathrm{d}x=Y/X$ 的极限环的个数不超过 3。1979 年,中国数学家史松龄和王明淑分别举出有四个极限环的反例。

到现在为止,我们已经提到了希尔伯特 23 个问题中大多数问题的研究进展，却一直没有提到摆在首位的希尔伯特第一问题。这个问题的解决方式是出人意料的。希尔伯特想引导人们去证明连续统假设，结果却证明了"连续统假设不可证明"。其实这是符合希尔伯特精神的，即证明问题的不可解也是一种解答。

"连续统假设"的地位，后来被发现与几何学的平行公理很类似。人们想把平行公理作为一条定理，在其他几何公理基础上证出来，结果发现平行公理本身是一条独立的公理，是不可证明的。平行公理的真假在去掉平行公理的欧氏几何体系内不可判定。我们在前面谈到集合论的公理化时曾提到的策梅洛-弗兰克尔公理系统（ZF 系统），就相当于去掉了平行公理的欧氏几何体系。ZF 系统与连续统假设既不矛盾，又彼此独立，恰如平行公理与其他几何公理既不矛盾，又彼此独立一样。从 ZF 系统出发，既不能确定连续统假设是真的，又不能确定连续统假设是假的。换句话说，连续统假设在目前通行的 ZF 系统内不可证明。

这样一个结果是先后经由两位著名数学家的工作才最后获得的。1940 年，旅居美国的奥地利数学家库尔特·哥德尔（Kurt Gödel）证明了 ZF 系统与连续统假设并不矛盾。这位 20 世纪最伟大的数理逻辑学家，曾以 1931 年的杰出成果扬名于世，同时也使希尔伯特的形式化计划归于失望，这件事情后面再细说。这里只需说明，哥德尔 1940 年的成果只完成了解决希尔伯特第一问题的前一半任务。后一半任务是 1963 年由美国数学家科恩完成的。当时科恩 29 岁。他在事业上一帆风顺，20 岁在芝加哥大学获硕士学位，24 岁获博士学位，先后在麻省理工学院和普林斯顿等著名学术中心工作过，27 岁时受聘于斯坦福大学。年少气盛使他敢于向希尔伯特第一问题进攻。科恩在数学上研究兴趣广泛,他长于数学分析,对连续群也有突出的研究成果。对数学各分支思想方法的融会贯通,使他能够独辟蹊径,创造了一种崭新的方法——力迫法,最终证明了 ZF 系统与连续统假设相互独立。科恩的工作在学科分类上属数学基础研究领域。可是在他发表这一重大成果之前,搞数学基础的学者们竟然没有听说过他。在 1966 年莫斯科国际数学家大会上,美国著名逻辑学家阿尔冯斯·丘奇(Alonzo Church)为会议介绍科恩的工作。他说,科恩提供了"数学史上一种多次出现的现象的又一例证:数学家在非本行的领域里作出了重要的工作。就是说,转向非本行专业并且解决了这一专业中的专家都未能解决的问题。"丘奇意味深长地说,看来"一个有能力的人不应该过分拘束在自己的领域里,不要害怕转到自己可能并不具备专家应有的全面知识的领域里。肯定地说,科恩的结果已经得到并将继续得到很大的推广,他的证明方法也将会被集合论的专家所改进,但是我们今天关注的却是最初的突破。"正是在这次会议上,科恩因解决希尔伯特第一问题的卓越贡献,荣获国际数学界的最高奖——菲尔兹奖。

谈到"菲尔兹奖",这里有必要交代几句。人们大都知道自然科学研究有一个诺贝尔奖,是国际最高水平的科学奖(当然诺贝尔奖后来又增设了和平奖、文学奖、经济学奖等项目)。但诺贝尔奖不包括数学,这是很奇怪的。对于这件事,比较流行的解释有两种:一种是说诺贝尔优先地考虑那些与人类生活有直接关系的科学;另一种是说诺贝尔与著名的瑞典数学家米塔-列夫勒(Mittag-Leffler)交恶,而如果设立诺贝尔数学奖,米塔-列夫勒极有可能成为第一名获奖者。因此诺贝尔下决心回避数学奖。这两种解释孰真孰假，后人难以断定。无论如何，诺贝尔数学奖是不存在的。于是加拿大数学家约翰·查尔斯·菲尔兹(John Charles Fields)建议设立一项国际性的数学奖。作为一名数学家，菲尔兹的成就并不突出。但作为一名数学事业的组织、管理者，菲尔兹是功勋卓著的。他竭尽全力主持筹备1924年多伦多国际数学家大会，到处奔走谋求对设立国际数学奖的支持，并想在1932年苏黎世国际数学家大会上亲自提出正式建议，结果未及开幕他就病逝了。国际数学界为了纪念他为发展数学事业所作的贡献，便以他的名字来命名这项国际数学奖。第一次菲尔兹奖于1936年颁发，以后大体上每4年评选一次，授奖仪式在每一届国际数学家大会上举行。菲尔兹奖一般只授予40岁以下的数学家，以鼓励青年人成才。据统计，从1936年到2022年，有65人获得菲尔兹奖，其中至少有12人的工作与希尔伯特23个问题有关。由此可见希尔伯特的"魔笛"具有何等的诱惑力！

在解决23个问题上有所贡献的菲尔兹奖获得者中，有两个人的工作值得专门提一下。一个人是比利时数学家皮埃尔·德利涅(Pierre Deligne)，获奖时还是一个和蔼可亲的大胡子年轻人，但他那时已是在法国数学界风云一时的人物。他的获奖成就是证明了著名的"韦伊猜想"，同时他在解决希尔伯特第二十一问题上也做了出色的工作。他很有些希尔伯特倡导的风度，自信而且谦虚，喜欢并有能力同任何人谈论任何数学课题，在讨论中他的想法总是能使对方受益匪浅。另一个人是英国数学家艾伦·贝克(Alan Baker)，一个精明强干的小伙子(他获奖时才31岁)，他在希尔伯特第七问题和第十问题上都推进了前人的工作。贝克的主攻方向是数论。自从1934—1935年盖尔丰德和施奈德部分地解决了希尔伯特第七问题以后,很长时间没有新的进展。人们意识到,老办法已经用尽,必须另觅新路。贝克在超越数论方面曾获得一系列关于代数数对数的线性型的定理。运用这一套定理,他证明如果 $\alpha_1, \alpha_2, \cdots, \alpha_n$ 是代数数(非 0 或 1);$\beta_0, \beta_1, \beta_2,$ $\cdots, \beta_n$ 是线性独立的代数无理数,则 $e^{\beta_0} \alpha^{\beta_1} \cdots \alpha^{\beta_n}$ 是超越数,这样就使盖尔丰德的结果成为简单的特例。对于希尔伯特第十问题,在贝克之前曾有一些突出的成就。出生在美国密苏里州的女数学家朱莉娅·鲍温·罗宾逊(Julia Bowman Robinson)醉心于数理逻辑和数论中问题的研究,曾在希尔伯特第十问题的证明中起到关键作用。这是 1950 年的事情。十年之后,美国纽约大学的数学教授马丁·戴维斯(Martin Davis)同有数理逻辑训练的哲学家希拉里·普特南(Hilary Putnam)合作研究第十问题。他们发现把罗宾逊的方法和戴维斯的方法结合起来,就能更进一步。这样罗宾逊也参加进来,三个人共同发表一篇论文,证明哪怕只有一个丢番图方程的解满足一个特殊的条件(如组成这样一个解的数的相对大小),希尔伯特第十问题就不可解。以后,戴维斯力图寻找这样的一个丢番图方程,但毫无成效。结果这样的一个方程在 1970 年被年仅 22 岁的苏联数学家马蒂雅谢维奇(Matiyasevich)发现了。对他的方程满足所要求条件的出色证明意外地只用到初等数学。他的研究表明,能够用于一切不定方程的判定方法是不存在的。这个结果轰动一时。虽然没有一种方法适用于解一切不定方程,但就某一类方程来说总还是有些办法的。贝克就二元方程的情况找到了有效计算方程的解的方法,这是对第十问题从肯定意义上的解答。

从 20 世纪初开始的这场进军，至今仍在继续。100 多年过去了，目前还有许许多多数学家顽强地向希尔伯特指引的目标猛攻。历史上很难看到一篇数学演讲会有这么大的诱惑力，把它比作"魔笛"并不过分。回顾过去，战绩是辉煌的。希尔伯特提出的好些个问题，如第一、三、五、九、十、十七、二十一问题，已经宣告解决。还有不少问题获得了部分解决，或有所进展。在解决希尔伯特问题的旗帜下，聚集了一批世界上最优秀的数学家。有不少数学家正是由于解决了某个希尔伯特问题而一举成名，轰动国际学术界。在解决希尔伯特问题的过程中，带来了丰硕的副产品。有很多重要学术领域在这种努力的刺激下迅速发展起来了，有很多新理论在这个过程中建立起来了。希尔伯特奏响的动人"旋律"，成为全世界数学家的精神进行曲，一代又一代传播，不断引发出杰出的数学天才和鼓舞人心的重大成就。希尔伯特若有灵魂在，当会为自己的出色"演奏"而乐不可支的。

未解之谜

过去的毕竟已成过去。展望未来，数学家仍然面临着一个谜的世界。在希尔伯特提出的 23 个问题中，比较圆满解决的约占一半，另一半得到部分解决或尚未解决，其中有些问题至今还看不到有解决的希望。按照希尔伯特的思想，问题的存在不是坏事，它是数学生命力的源泉。它吸引着新一代数学家继续前进，在希尔伯特的"魔笛"引导下，深入数学王国的迷幻世界。

最吸引人的未解之谜，莫过于那些貌似简单而实则相当困难的问题。哥德巴赫猜想是很典型的例子。陈景润距离证明（1＋

1)（每一个大于 2 的偶数都可以表示为两个素数之和），似乎仅有一步之隔，可天知道这中间究竟还有多少沟壑。恰如运动员成绩的提高，越是到接近或超过世界纪录时越是困难，这时一分一秒一厘一毫都将付出极大的努力。陈景润的艰苦卓绝的努力，对于那些立志献身于数学事业的青年学子，具有相当大的影响。其中有些是很有发展前途的新秀，也不乏固执己见的"业余数学家"。后者力图用初等数学的方法来解决哥德巴赫猜想问题，为此殚精竭虑，深居简出，苦苦钻研，几乎达到"为伊消得人憔悴"的境界。这是追随希尔伯特的进军中的一些不合格的"老鼠"，一些真正陷进数学泥淖不能自拔的牺牲品。在科学院的数学研究所，某些权威性数学杂志的编辑部，以及类似学术机构，间或有这样的人物登门拜访，向数学家倾诉自己的"研究成果"，其固执程度使人望风而逃。这些人忽略了一个基本事实，即哥德巴赫猜想虽然可以用初等数学的语言表述，但绝不是用初等数学的方法可以证明的。陈景润在他的《初等数论》（Ⅰ）一书序言中讲过："据多年来的经验，数论中的不少世界著名难题，例如哥德巴赫猜想、费马大定理等，具有初中毕业程度的同志们，经过自学都能自明其意思。但是对于它们的困难程度都了解得很少，甚至没有了解。以至于许多同志，特别是许多青年同志，盲目地将许多精力浪费在用一些初等数论的方法证明这些世界著名难题，而不知道要想解决这些世界著名难题，首先需要学习许多非常高深的数论论文，还要经过多年刻苦钻研，然后才有可能从事这方面的研究工作。"这段话可谓肺腑之言。要攻克希尔伯特的数学之谜，并不是不可能的，但绝不会是轻而易举的。

让我们游览一下希尔伯特未解之谜的世界，既体会一下它们的艰深,又从中看到希望,唤起信心和勇气,走上继续探索的征程。

与哥德巴赫猜想并列作为第八问题组成部分的,有黎曼猜想和孪生素数猜想。黎曼猜想叙述起来较专门化,我们尽量解释得通俗一些,有这样一个方程:

$$1+\frac{1}{2^s}+\frac{1}{3^s}+\frac{1}{4^s}+\cdots=0$$

这个方程的未知数假设为复变数,即 $s=a+bi, i=\sqrt{-1}$,黎曼曾经猜想这个方程的每一个解都位于复平面中 $a=1/2$ 这条直线上。这个猜想是1859年提出的,至今尚未得到证明。当然在这个问题上并非没有进展。比如人们已经知道这个方程的解有无穷多个,而且都位于虚轴和 $a=1$ 线之间的某处(一条无限长的带形区域内)。英国数学家哈代证明无穷多个解位于 $a=1/2$ 线上,但我们至今仍不知道是否所有的解都在那儿。还可以从另外一个角度考虑问题,即问是否能至少证明这些解有百分之几位于 $a=1/2$ 线上。菲尔兹奖获得者,美籍挪威数学家阿特勒·赛尔伯格(Atle Selberg)在1942年的博士学位论文中证明,只有百分之一的解肯定位于 $a=1/2$ 线上。尽管百分比非常小,但赛尔伯格的工作是开拓性的。1974年,美国麻省理工学院的诺曼·莱文森(Norman Levinson)成功地证明了至少有三分之一的解位于 $a=1/2$ 线上。但这个结果与最终的目标仍有很大差距。

为了对付这个难"啃"的黎曼猜想,当代数学家动用了电子计算机这一新式"武器"。威斯康星大学数学研究中心的约翰·巴克利·罗瑟(John Barkley Rosser)、洛厄尔·舍恩费尔德(Lowell Schoenfeld)、朱利安·迈尔·约赫(Julian Myer Yohe)运用计算机证实,有三百万个解都位于 $a=1/2$ 线上。(近来又有消息说,有七千万个解已被证实位于 $a=1/2$ 线上。)1967年,美国数学家伊万·约翰·古德(Irving John Good)和罗伯特·丘奇豪斯(Robert Churchhause)报告说,他们的在间接证明中的计算结果同理论上的预期数值达到"惊人的契会",即 8 位有效数字完全一样。在物理学和化学实验中,如果达到这样高的精确度,完全可以宣称某项重大科学发现已经诞生。但在数学中,问题仍然没有解决。除去计算机运算中可能偶尔出现故障或误差的因素外,就证明一条定理而言,再大数目的有限次证实也是不保险的。英国剑桥的数学家约翰·伊登斯尔·李特尔伍德(John Edensor Littlewood)1914年发现,某种方程直到很大的数(叫作"李特尔伍德常数")都是对的,但对超过这个值的无穷多个数却是错的。现今对李特尔伍德常数最好的估计值大于 10^{100},即 1 后面有 100 个零,比现实宇宙中的原子数还要多。

从实用的、功利的角度看,数学家如此拼命地追求一条数学定理的严格证明,简直是令人莫名其妙的。在某个范围内某种数学关系已经得到证实,可以应用它来解决某个实际问题,这就足够了,何必自讨苦吃去证明它呢?数学家的回答是,唯有"证明"才能确定一个数学命题的真假。当代美国数学家菲利普·J.戴维斯和赫什说过:"看来很清楚的是,我们之所以需要证明,是因为我们确信自然数的所有性质都能从一组公理推演出来。如果某种东西是真的,而我们却不能以这种方式推演出来,就表明我们的理解有缺陷,换言之,我们相信证明是理解黎曼猜想何以为真的途径,它比只是通过令人信服的启发式推理而知道它为真是更有意义的。"然而,他们也谈到了数学证明或许有另一个目的,"即作为数学家的持久力和创造性的检验根据。我们赞美珠穆朗玛峰的征服者,不是因为珠穆朗玛峰的顶端是我们想去的地方,只是因为那里非常难以到达而已。"

下面让我们来看数论领域中另一座未被征服的"高峰",即"孪生素数猜想"。古时候人们就发现,有很多对"孪生素数",即相邻的一对奇数都是素数,如 17,19;29,31;41,43;……人们猜想存在无穷多对"孪生素数",但这个猜想至今无人证明。陈景润曾经证明了这个猜想的一个不很充分的形式:有无穷多对相邻的奇数 P 和 $P+2$,其中第一个 P 是素数,第二个数 $P+2$ 至少有两个素因子("孪生素数"要求 P 和 $P+2$ 都是素数,这里 P 是素数,$P+2$ 只能说"几乎是素数")。陈景润的这项工作也是一种 (1+2),显然这里的证明同他在哥德巴赫猜想方面的工作有密切联系。

如果把所有素数由小到大排列起来,可以看到孪生素数的出现似乎是无法预测的,或者说随机的。由此可以提出一个猜想,两个数 P 和 $P+2$ 都是素数的机会,就像连续两次抛掷一枚硬币都出现正面的机会一样。现在已被证明的素数定理表明,如果 n 是一个大数,并且我们在 0 与 n 之间随机地选出一个数 x,则 x 是素数的机会大约是 $1/\log n$。n 越大,则 $1/\log n$ 越接近实际情况。由此可以推知,P 和 $P+2$ 都是素数的机会大约是 $1/(\log P)^2$。当 P 趋于无穷大时,这个分数也趋向无穷大。预测结果和已得到结果仍然是相当接近的。但最后的"证实"二字还是不能写出。

希尔伯特第八问题的现状就是如此。在其他问题上,希尔伯特预期的目标有很多仍未实现。在第二问题上,算术公理相容性的证明有所进展,但并未从根本上解决。第四问题上的情况与此类似。在第六问题上,人们怀疑物理学能否全盘公理化,也许最后将获得一个否定的解答。第十二问题只有一些零星的进展,距离彻底解决相差甚远。在第十三问题上,目前只解决了连续函数和可微连续函数的情形,而在解析函数情况下问题仍未解决。第十八问题在有些情形下也未获解决。第十九问题上研究成果不多,第二十二问题上只解决了一个变数的情况。希尔伯特留下来的"遗产"仍然是丰厚的,他开拓的广阔疆域中,还有许许多多宝藏等待开发。

希尔伯特是在20世纪的第一年发表演讲的。在接近整整一个世纪的时间里,他吹响的"魔笛"引导着全世界数学家努力的方向,这是数学史上空前的壮举!当我们纵观希尔伯特引导的这场胜利进军,直至数学研究的前沿时,应该停下来仔细思索一下:希尔伯特的"魔力"在哪里?究竟是什么原因使这么多数学家如痴如狂地追随他?为什么追随他会获得如此辉煌的一系列成就?

原因正如我们在本书引言中所指出的那样,希尔伯特与众不同之处,在于他不断探索数学发展的生命之源。他把数学看成活的有机体,力图揭示它的"骨架""神经""脉搏""活力""生长过程"。从这个角度来看待数学思想的发展,是极为罕见的。很少有哪个数学家从数学问题入手开始自己的演讲,而抓住了数学问题就抓住了数学的生命之源。很少有哪个数学家对数学问题的要求、起源、解答和解决问题的方法进行过深刻的哲学思辨,而这种思辨正是对数学有机体发展规律的精神"解剖"。通过讨论数学问题的意义、价值和影响,希尔伯特接触到了数学的活的灵魂,而数学的灵魂就存在于千千万万数学家的头脑之中。所以,希尔伯特吹响的"魔笛"引起的是数学家头脑中的共鸣,它带有极强的感染力,使人们为这美妙的"旋律"所陶醉。希尔伯特发表演讲的那个时代早已过去了。但希尔伯特那深刻而生动的语言,至今听来仍然很新鲜,仍然有现实意义。这恰如艺术大师的传世之作永远不会被人们遗忘一样。如果说美术界有《蒙娜丽莎》,音乐界有"英雄交响曲",文学界有荷马史诗、《战争与和平》和《红楼梦》,那么数学界就有希尔伯特的《数学问题》,它们都是永恒的艺术品。

哈梅林市中心广场的花衣吹笛人仍然在与商店橱窗里的老鼠们相依为伴。希尔伯特的"魔笛"仍然奏出动人的"旋律",回荡在数学家的心头,直至 21 世纪,直至永远。

六　我们必将知道？

在希尔伯特的前半生，学术上的重大胜利一个接着一个。先是在代数不变量理论上的突破，然后是代数数域理论的建立，接着是几何基础的重新建立和公理化方法的推广，还有变分法和积分方程理论上的漂亮结果。希尔伯特甚至成了半个物理学家。他给人以战无不胜，攻无不克的印象。正是由于一些数学上的历史性难题在他面前一个个土崩瓦解，才使他如此自信地在"数学问题"的演讲中宣称："数学中没有不可知！"

希尔伯特的这番话，是针对一位当时在学术界颇有影响的学者埃米尔·杜布瓦-雷蒙（Emil du Bois-Reymond）而言的，他是"不可知论"的热心鼓吹者，在成为哲学家之前曾是一位生理学家。他悲哀地宣称，某些超出感官之外的问题，包括物质和力的本质、运动的起源、感觉和意识的发端，是在原则上无法解答的，因而"我们无知，我们将永远无知"，这句话在当时的大学里广为流传。希尔伯特和闵可夫斯基在大学时代就对这种观念极为反感。这种态度一直持续到希尔伯特的晚年。1930年，他在哥尼斯堡作关于"自然认识与逻辑"的演讲时，他的激情和乐观主义达到了顶点。他说："在想方设法找出不可解决的问题的例子时，哲学家孔德说过：科学在探查构成宇宙天体的化学成分的秘密时，绝不会成功。几年后,问题却被解决了……。照我的想法,孔德之所以找不出不可解问题的真正原因是:事实上并没有不可解的问题。"在演讲结束时,希尔伯特坚定有力地说出最后一句话:"我们必须知道。我们必将知道。"这时,他爽朗地笑了,笑声感染了在场的听众,也感染了整个数学界。

无论在何种条件下,我们都必将知道吗?在回答这个问题之前,我们先来看一看希尔伯特在数学基础研究方面的杰作。它是希尔伯特在几何基础研究之后的必然产物,是公理化方法一发而不可收的结果。

"蛙鼠之战"的内幕

在前面的第四章曾经提到,集合论的公理化在实际上就是为整个数学大厦重新奠基的努力,问题是 ZF 系统的公理的相容性尚未完全证明。这就是说,罗素悖论带来的震颤尚未消除,喜欢从根本上解决问题的数学家当然不愿意这样提心吊胆地过日子。于是,数学界逐渐形成了三个相互对立的派别,提出了三套从根本上确立数学基础的方案,并且彼此展开了一场被爱因斯坦称之为"青蛙与老鼠之战"的学术争论。三方的主将,是三个学术风格迥异的人物。

制造罗素悖论的罗素主要是一个哲学家和逻辑学家,但却是精通数学的。他思想活跃,兴趣广泛,谈吐机智风趣,并且历来我行我素,从不在乎别人的评论。他一直活到 98 岁,留下了上百部著作和 2 000 多篇文章。在数学上,罗素和阿尔弗雷德·诺斯·怀特海(Alfred North Whitehead)写了一部三卷本的巨著《数学原理》，共花了 10 年工夫，不仅分文未得，每人还补贴印刷费用 50 英镑。但这部著作成为现代数理逻辑领域的经典。后来罗素转向哲学，以后又广泛参加社会活动，并获得过诺贝尔文学奖。尽管他有热情奔放的性格，但在数学上却对严格的逻辑极感兴趣。他是数理逻辑界"逻辑主义学派"的代表。因为他主张把数学看成逻辑学的一个分支，把全部数学内容从少数逻辑公理的基础上推导出来，他和怀特海合著的《数学原理》就是为这个目标服务的，并且在很大程度上获得了成功。通过数理逻辑的严格分析，的确能够表明，有相当多的数学内容实际上是逻辑关系决定的。罗素建立了一种叫作"类型论"的理论，它丰富了公理集合论的体系，并能有效避免罗素悖论。这是很值得称道的成就。遗憾的是，罗素最终并未把全部数学完全归结为逻辑。因为要由简单的类型论推导出集合论和其他数学内容，至少要加上无穷公理和选择公理，而这两条公理并非逻辑公理，而是数学公理。另外，在由逻辑公理推导出具体数学内容的过程中，还要不断加入非逻辑的某些规定。因此，逻辑主义学派的工作声势虽大，结果却不理想。尽管数学家承认很多数学内容本质上是逻辑关系，或可由逻辑公理推导而来，但他们在使用这些数学内容时很少有时间去考虑其逻辑内涵，因为这样太费事，而且不必要。比如，数字"1"在《数学原理》中是经过好一番逻辑证明之后才出现的。庞加莱说，逻辑主义关于"1"的定义是"一个可钦可佩的定义，它献给那些从来不知道 1 的人"。

另一个派别叫作"直觉主义学派"，其首领是荷兰数学家布劳威尔（Brouwer），他比希尔伯特小 20 岁。此人思想深刻，言辞尖锐，态度坚决。他的思想的彻底性甚至使希尔伯特的得意门生外尔为之倾倒，成了以他为首的学派的重要成员。在哲学思想上，布劳威尔比希尔伯特更靠近康德和克罗内克，他把这两个人的观念中能用于现代数学的东西全继承过来，并有新的发展。按照他的观点，数学根本没必要到逻辑那里去寻找严格性和可靠性。最可靠的东西在数学领域内部，这就是人们对于数学对象的直觉。"直觉"这个词说来容易，解释起来很困难。简单地说，它是对事物本质的一种不经过逻辑思维过程的直接的认识，相当于我们通常讲的"领悟""洞察"。数学中的最基本的直觉是对时间和空间的直觉。对时间的直觉构成了"数"，对空间的直觉构成了"形"。布劳威尔最欣赏的是对数的形成起作用的时间直觉，在他看来，时间直觉是"原始直觉"，以它为基础构成了自然数，又构成了各种几何图形，以及所有千奇百怪的数学对象。布劳威尔强调数学对象必须能在自然数基础上通过有限步骤构造出来，在这一点上他同克罗内克一脉相承。因此，克罗内克要排斥的非构造的数学对象，他也同样排斥。他还认为，排中律在无穷数量关系的领域不再适用，这是最令人吃惊的。排中律讲的是，在同一时间，同一关系下，对同一对象所作的两个彼此矛盾的判断不能同时都假，必有一真，没有第三种可能。这就是通常所说的"二者必居其一"。布劳威尔认为，排中律用在有限事物的命题上是没毛病的，因为有限事物的命题可以逐一检验以判断其真假。如果涉及无限的事物，又没有一种构造的方法，那么排中律是可能失灵的。构造不出来的东西就是不存在，不存在的东西怎么能谈论真假呢？因此，从逻辑上判断一个命题"非真即假"，进而认为不假的真命题断言的事情就一定存在，是没有把握的。这个主张直接冲击了希尔伯特喜爱的"纯粹存在性证明"（他在解决"果尔丹问题"

时用过的那种方法),因为"纯粹存在性证明"正是与排中律的使用密切相关的。希尔伯特为此大怒。他说:"不准数学家使用排中律,就和不准天文学家使用望远镜一样。"他又加了一句:"数学家中居然有人不承认排中律,这是数学家的羞耻。"

与罗素的逻辑主义学派和布劳威尔的直觉主义学派对阵的第三个派别,叫作"形式主义学派"。由于这一派的主要成员基本上都是希尔伯特的学生,他们的主张又深受希尔伯特学术思想的影响,所以他们都把希尔伯特作为这一学派的首领,而希尔伯特本人的主张与他的学生后来的系统的形式主义观点并不完全相同。可是,学术界有很多人仍然把希尔伯特同形式主义学派当成一回事,这至少是一种误会。希尔伯特同罗素、布劳威尔相比是一位长者,也是数学界功底更深、贡献更大的数学家。他仔细地比较了逻辑主义学派和直觉主义学派的得失之后,从容地提出了自己的主张。他认为数学当然不能归结为逻辑,但把全部数学建立在一个比较简单的统一的公理系统基础上的努力,是可取的。他不赞成克罗内克和布劳威尔用构造标准对现有数学内容大砍大杀,但认为直觉主义的要求在数学证明过程中还是有道理的。希尔伯特认为,数学的对象就是数学符号本身,符号就是本质,它们并不代表理想的物理对象。公式可能蕴涵着直观上有意义的叙述,但这些含义不属于数学。数学从总体上讲可以说是一个形式符号系统,无论从逻辑角度还是直觉角度加以解释都是多余的。只要能够证明数学理论体系的相容性(无矛盾性),数学的本质问题就已经解决。

1904年,第三届国际数学家大会在德国海德堡举行。希尔伯特在会上的演讲是"论逻辑和算术的基础"。在这次演讲中,希尔伯特提出了一个崭新的思想,这就是把数学证明也作为数学研究的对象。换句话说,要用数学方法研究"数学证明"的自身性质。

这是数学史上一个划时代的突破。千百年来,逻辑历来是数学证明的工具。人们习惯上认为,数学的精确与严密来自逻辑的力量。然而希尔伯特对数学家说:"如果我们深入考察,那就会承认:在我们叙述传统的逻辑定律时,即已用到某些基本的算术概念,例如用到了集合的概念,甚至在某种程度上用到了数的概念。于是我们发现自己陷入了某种循环,这就说明,如果我们想要避免悖论,那就必须在某种程度上同时进行对逻辑定律和算术定律的研究。"他相信,通过这样的方法,可以为数的概念提供一个"严格的、完全令人满意的基础"。

由于当时在积分方程和物理学方面的更大兴趣,希尔伯特没有把自己的这个设想贯彻下去。直到 20 世纪 20 年代初,由于布劳威尔的直觉主义在数学界有了越来越大的影响,加上得意门生外尔在学术上的倒戈,才使希尔伯特重新返回数学基础的研究领域。1922 年,在汉堡的一次学术会议上,他明确指出,由集合论悖论引起的事态是不能容许的,但"功绩卓著的第一流数学家外尔和布劳威尔,却通过错误的方法来寻求这个问题的解答。"

接着,希尔伯特提出了自己的解决数学基础问题的方案。由于直觉主义学派强调,一般人所接受的数学远远超出了可以判断其真实意义的范围(因为其中包含不少非构造的内容),于是希尔

伯特来个"釜底抽薪",干脆抽掉数学命题的意义。他的做法是:

第一步,将数学内容彻底形式化。虽然希尔伯特把几何公理系统已经形式化了,但他认为这种形式化还不彻底。形式公理学体系中还夹杂着自然语言成分,还在使用文字来表达数学公式的含义和推理过程,这都是不彻底的表现。要实现彻底的形式化,就需要把公理系统中概念、命题和推理过程的自然语言的意义统统舍弃掉,使概念全变成符号,命题全变成公式,推导全变成公式的变形,只依赖纯粹的形式规则。现在的很多数理逻辑教科书都介绍这种完全形式化了的公理系统(简称"形式系统"),它已经形式化到这种程度,以至于不懂得它所使用的专门的形式语言的读者,根本看不懂它的意思,因为人们熟悉的自然语言的痕迹在这里一点点也没有了。(不过,掌握了形式语言的计算机倒能完全"读懂"它的意思,这就是彻底形式化的好处所在。)

第二步,在把数学各部分内容彻底形式化的基础上,还要建立一个能研究各种形式系统性质的理论,这种理论叫"元数学",它的本意是"在数学之上",或者说是"研究数学的数学"。元数学本身也是彻底形式化的,它包括完全形式化的逻辑推演和形式化的初等数论。元数学使用的方法是一种严格的有限方法,即在有限步骤内进行数学推理和证明的方法。这种方法是符合直觉主义学派的要求的,是严格可靠的。但希尔伯特把有限方法只用于元数学的推理规则,并不想应用于各具体的数学分支,因而不会造成对无穷数量关系的排斥。他认为无穷数量关系的确不能具体构造出来,它们是数学中的"理想元素",而涉及"理想元素"的数学命题是"理想命题"。他说:"我们应该记住,我们是数学家。

作为数学家,我们常常用理想元素这副灵丹妙药来摆脱困境……。同样,为了保持亚里士多德逻辑的简明的形式法则,我们也必须用理想命题来补充有限命题。"运用理想元素方法的基本前提是相容性说明。就是说,只有在不致引起矛盾的情况下,用理想元素来扩充一个研究领域的作法才是合法的。

第三步,运用元数学理论来证明数学各分支的相容性,以保证其严格性和可靠性。这项工作称之为"证明论"。它是对数学各分支的证明过程的重新审查。希尔伯特把数学证明的过程和数学理论的内容严格加以区分。对数学证明的审查采用有限方法,它要求数学推理规则和证明步骤是纯粹直觉的和有限的,即使直觉主义者看来也无可挑剔。而当相容性问题一旦解决后,就有充分理由引进理想元素的理想命题,从中导出现有数学理论的绝大部分内容。在一次纪念魏尔斯特拉斯的会议上,希尔伯特强调指出,通过一种纯粹直觉和有限的方法——在这种方法中,真理是借助于初等数论得到的——我们有可能建立起一套深入的理论,来确保整个数学体系的可靠性。

希尔伯特提出的这个方案,很有些老谋深算的味道,他一方面要保护住现有数学理论的绝大部分内容,另一方面要承认并且利用直觉主义学派的合理主张。布劳威尔和外尔等的主张尽管有偏激之处,但确实抓住了传统数学理论的某些逻辑上的弱点和缺陷,其攻势是猛烈的。正面的抵抗很可能费力不讨好,所以不如因势利导。希尔伯特开拓了"元数学"这一新领地,把元数学同数学各分支的具体内容区分开来。外尔评论说,像希尔伯特这样的公理主义者,很难承认下述事实,即要看出无矛盾性还是得依靠直觉推理，这就是说主要是通过实证而不是公理。最后，心灵的慧眼终究要参加进来，这并不奇怪。……希尔伯特在讨论他的证明论所不可缺少的直觉基础时，表明自己是那个含混的交际工具——语言的完美的大师。在涉及元数学中他认为是显然而加以接受的东西时，希尔伯特简直比教皇还更接近天主教的正统，比克罗内克和布劳威尔还更加严格。……在数学上他是严格的形式主义者，在元数学上他是严格的直觉主义者。

只有希尔伯特这样的人才有如此胸怀，能坦率承认自己学术上的对手的合理之处，并充分地加以利用。也只有希尔伯特具备这种高超的技巧，把原来势不两立的学术观点在一个更高的层次上融为一体。尽管如此，在现实生活中的学术思想交锋还是避免不了的。有一次，布劳威尔访问了哥廷根并发表演讲阐明自己的观点，其中讲到由于无理数 π 的非构造性，谁也不知道它的十进小数表示中是否会有哪一段连续有十个 9 出现。在演讲结束后，有个人反驳说："我们也许是不可能知道的，但上帝知道吗！"布劳威尔满不在乎地回答说："我无法跟上帝联系。"

经过一阵活跃的讨论之后，希尔伯特站起来说："按照你的方法，现代数学的大部分成果都要被抛弃，但对于我来说，重要的不是抛弃，而是要获得更多的成果。"他的话赢得了热烈的掌声。

希尔伯特的观点逐渐在数学界传播开来。由于他在数学界的崇高威望，加上大多数数学家不愿意放弃传统数学知识中遗产的心理，希尔伯特倡导的数学形式化得到了广泛的响应。按照希尔伯特指引的方向，运用元数学理论逐一证明数学各分支的相容性,将使全部数学理论知识都奠定在一个完全形式化的公理系统基础之上,实现整个数学体系的公理化。如果这一目标实现了,不仅集合论悖论的影响将完全消除,而且数学基础的稳固和可靠将得到永久的保证。这是数学家多年来梦寐以求的目标。然而,历史的经验提醒人们,每当人们感到已真的达到了这个目标的时候,却总是会冒出一两个意外事件,使得建立数学的一劳永逸的基础的努力化为泡影。1900 年庞加莱关于"绝对的严密已经达到了"的宣言,两年后就遇到了恼人的罗素悖论。这个戏剧性情节人们记忆犹新。希尔伯特的宏伟目标是否也将面临这样的命运呢?希尔伯特本人似乎没有意识到这一点。他执着地相信,数学中没有"不可知"。这就是说,从根本上使数学变为"可知"的目标必定实现。

当希尔伯特从事数学基础研究的时候,他已经进入了学术生涯的鼎盛时期。作为德国数学界的带头人物,作为一名当时最有影响的数学家,他不仅有一系列辉煌成果,而且桃李满天下,学术界的崇拜加上他与生俱来的自信和乐观主义,使得他毫不犹豫地带领大批数学家沿着数学形式化方向走下去,从而使从几何基础重新确立以来的公理化浪潮达到了极点。他的一些学生走得比他更快更远,情绪上也更加偏激。他的学生和追随者哈斯凯尔·柯里(Haskell Curry)、冯·诺伊曼、罗宾逊和布尔巴基学派的让·亚历山大·迪厄多内(Jean Alexandre Dieudonné)等应该说是人们通常理解的"形式主义学派"的典型代表。他们认为,数学对象是一堆毫无实际内容的形式符号体系。不管从什么假设出发,只要这些假设能以符号形式明显地表示,用形式的演绎来推理,就成为数学。罗宾逊甚至认为"真实的无穷不存在,理想的无穷也不存在。更严格地说,就是关于无穷物体的任何讲话或意谓实际上都是无意义的。"因而,数学中不包含任何客观内容,数学体系无真理性可言,只能考虑其可接受性问题(符合逻辑相容性标准的数学内容就是可接受的)。数学发展的主要动力是内在的原因,即对要解决问题本身的深入思考,而问题的来源如何关系不大。迪厄多内说:"这种经常地、富有成效地和自然科学的应用紧密相联系的数学领域,尽管很重要,其中不少领域并不构成真正的数学分支的主要部分。"形式主义学派的很多数学家对数学发展中经验和应用的启示不屑一顾。有的形式主义者甚至主张,在数学教育中也无须引入直觉、经验和应用的因素。只要把形式化的数学体系直接灌输到学生脑子里就成了。这样一些观点,实际上都是与希尔伯特的初衷背道而驰的。应该说,"真正的"形式主义观点与希尔伯特的主张差别很大。无怪乎希尔伯特一开始就对这种情况提出批评。他多次强调数学形式符号同其思想内容的联系,认为数学公式是"发展至今日的通常数学思想的复制品"。针对那种以为形式化仅仅是搞公式游戏的观点,他反驳说:"这种公式游戏是根据某些确定的、反映我们的思维技术的法则进行的。……我的证明论的基本思想,就是要刻画我们的悟性活动,制定出我们的思维过程所实际遵循的基本法则……把人们从盲目武断、感情用事和陈规旧俗的束缚下解放出来,同时摆脱那种在克罗内克的观点中已初露头角,并且我认为是在直觉主义观点中达到了高潮的主观主义,这正是科学的任务之一。"

希尔伯特在数学形式化热潮中这种力挽狂澜的举动,表明了他对形式化的片面发展会导致数学活力枯竭的担忧。他清醒地意识到,形式化只是数学的生命在一个方面的表现,决不能把形式化同全部数学等同起来。所谓形式化的过程，是用表意的数学符号体系刻画数学对象的结构和规律的过程。这个过程好比透视或解剖，能把隐蔽在数学有机整体内部的骨骼和神经系统显示出来。但这个过程要"屏蔽"一些东西，事实上这些东西同形式化所展示的东西是密不可分的，恰如血肉皮毛与骨骼和神经密不可分一样。希尔伯特坚决反对割裂数学形式系统与数学具体内容之间的联系，这种倾向在他的几何基础研究中已经明显体现出来了。在把形式公理学引导到元数学层次的时候，他更加注重这个问题。在他的引导下，法国布尔巴基学派后来专门发表文章，向人们澄清"形式化"和"形式主义"的含义。因为在一般人看来，形式化往往给人以玄而又玄的感觉，而"形式主义"常会有某种贬义，被认为脱离实际内容，摆"花架子"。布尔巴基学派指出："重要的是从一开始就要注意防止应用这些定义不确切的词所引起的混乱，以及注意公理方法的反对者也经常使用这些词而引起的误解。"数学的一大堆形式符号和推理程序、公式组合，无非是数学自身的语言，是数学家赋予他的思想的外部形式。数学既不是一串随便发展起来的三段论式，也不是一堆幸运的技巧。公理方法的目的是引导人们寻求这些细节下面的深刻的共同的思想。"形式"这个词只有这种意义下才能使公理方法被称为形式主义。它是数学这个有机整体发育中的营养液，是方便和多产的研究工具。

20世纪初的前30年，关于数学基础的这三大学派的论战，就是这样热火朝天地进行着。很多数学家都变成了数学哲学家。他们的演讲和论争充满浓郁的哲学思辨味道，各自为完善自己的思想体系不懈地奋斗。数学史上很少有过这样的时期，几乎一代数学家都在不同程度上卷入数学哲学的论战之中。然而，论战毕竟是围绕数学基础进行的，距离数学与物理学及其他学科的接壤地带还相当遥远。只注意从数学中寻找可应用成果的自然科学家，对于数学家为数学的基础争得面红耳赤感到莫名其妙。在他们看来，这是何苦呀？爱因斯坦戏谑地称这场论战为"青蛙与老鼠之战"，就表达了这种情绪。可是，数学家仍然全神贯注地进行论战，因为逻辑基础的问题对数学发展来说实在太重要了。然而，就在三大学派吵得难解难分，看不出最后胜负的时候，一个突如其来的数学发现震惊了整个数学界，参加论战的各方都惊得目瞪口呆。

来自哥德尔的冲击

1930年9月7日，在希尔伯特的故乡哥尼斯堡召开的数学讨论会上，一位年仅25岁的数理逻辑学家哥德尔正式公布了一项研究成果，它的效应很像罗素悖论当年引起的震荡，不过受到直接冲击的不是庞加莱而是希尔伯特。

哥德尔的这项研究成果简称"不完全性定理"。它是采用十分高超的技巧，通过复杂的逻辑推导证明出来的。它的结论很明确：任何包含数论在内的形式系统中都存在一个不含自由变元的公式A使得A和它的否定式都不是定理，形式数论系统的相容性证明不可能在形式数论系统内实现。

这个结论是什么意思呢？它告诉人们，如果有这样一个形式系统，它包含初等数论在内，那么其中肯定有个公式是不可判定的。就是说，在这个形式系统里，既不可证明它为真，也不可证明它为假。这倒不是说这个公式本身没有真假之分，只是说其真假在这个形式系统内无法证明。按照希尔伯特对公理系统的要求，这个形式系统当然是不完全的。因为并不是所有公式在这里都可证明。问题在于数论是全部数学的根基，任何一个有意义的数学分支都离不开初等数论，都要把初等数论作为自身体系中的一部分。由此推知，任何有意义的数学分支都存在不完全性。此外，形式化的数论的相容性在形式数论系统内不可能证明，而形式数论又是元数学的组成部分，是证明的基础和工具。这就表明，所有包含形式数论在内的形式系统，不可能用证明的方式确定其相容性，因而关于数学各分支的形式系统的相容性证明，从根本上说是无法实现的。这是给希尔伯特的热烈期望当头一瓢冷水，不完全性定理出现表明，希尔伯特从 20 世纪初开始，花费了巨大精力和时间所追求的目标落空了。就在哥德尔的成果发表之前，形式化的工作进展顺利，很多数学分支的形式系统的相容性证明，都在肯定形式数论系统的相容性基础上得以实现，而希尔伯特一直相信形式数论系统的相容性是不会出问题的，证明它的相容性只是时间问题。当希尔伯特的包围圈越来越缩小，最后的胜利越来越接近时，却发现最终的目标永远无法实现，而且先前的努力都因而不再完全的时候，这是多么令人恼怒啊！当希尔伯特初次从他的学生和助手贝尔奈斯那里听到哥德尔的工作时，他"多少有点生气"。

然而，希尔伯特毕竟是希尔伯特。他不会感情用事地对待哥德尔的成就。恰如当年他的"纯粹存在性证明"使果尔丹无可奈何，最终在逻辑的力量面前不得不让步一样，希尔伯特在仔细研究了哥德尔的成果之后，也同样感到它的逻辑上的力量是不可战胜的。原来希尔伯特一直坚信，数学中没有不可知。如果把"可知"理解为"可证明"或"可判定"的话，那么就必须承认，数学中总还有某种不可知的东西。希尔伯特曾充满自信地宣称："我们必须知道，我们必将知道。"现在看来未必如此。数学中总还存在某种我们不知道的东西。当然，如果把"可知"的含义进一步推广，比如在认知方法上取消原有的一些限制，特别是取消在数学证明中使用有限方法的限制，那么关于数学各分支相容性的证明可望取得进一步的发展，人们"可知"的数学内容就会更多一些。希尔伯特毅然决定，放宽自己原有计划中对方法的限制，用一种叫"超穷归纳法"的方法代替原来使用的通常的完全归纳法。这是1931年的事情。当时他已经接近70岁了。一个年近古稀的老人，处在自己学术活动的顶峰时期，竟然能在研究方向和方法上作出重大改变，这是非常难得的。5年之后，希尔伯特的学生格哈德·甘岑（Gerhard Gentzen）运用超穷归纳法终于证明了形式数论系统的相容性。这表明，希尔伯特原来的设想仍然是有生命力的，证明论和元数学的航船，在绕过礁石后，又乘风破浪继续前进了。

在希尔伯特的一生中，在大的问题上判断失误，这是仅有的一次。在这之前，在一系列相当复杂的数学难题面前，他都表现出卓越的洞察力和精确的直觉。他的预言非常准确，他选定的目标最终总能达到。唯独这一次，在涉及整个数学大厦的基础问题时，他的计划遭到了意外的挫折。从主观原因上看，他是在自己晚年才集中精力从事数学基础研究的，此时自信心最强，追求某种目标最为执著。在心理上，总有一种从根本上一劳永逸解决问题的愿望在时时涌动。从客观原因上看，形式数论系统的不完全性（不可判定性）毕竟是隐藏极深的数学性质，只有在数学基础研究达到一定深度之后才有可能发现。实际上，哥德尔正是在希尔伯特的思想引导下才发现了"不完全性定理"的。还是在哥德尔念大学的时候，他攻读了希尔伯特和他的学生威廉·阿克曼（Wilhelm Ackermann）合著的《理论逻辑基础》，并为书中列举的"一阶谓词演算的完全性"这个未解决问题所吸引，作为自己的主攻方向。1929夏季，年仅23岁的哥德尔成功地解决了这个问题，这是他取得的第一项重大成就。接着，他按照希尔伯特的思路，希望用有限方法证明数学形式系统，主要是数论、集合论和数学分析的相容性，结果发现此路不通。于是，他在形式数论系统内部，用巧妙的方法构造出一个能表达自身性质的命题，其含义为"我在该系统内是不可证的"。这个构造出来的"怪物"，其作用类似罗素构造的集合论悖论和希尔伯特提出的解决"果尔丹问题"的"纯粹存在性证明"，即以出人意料的方式从逻辑上干净利落地解决问题。哥德尔从未见到过希尔伯特，也没有和他通过一封信。但哥德尔仍对希尔伯特怀有深深的敬意。他说："虽然有了我的否定结果，"希尔伯特有关数学基础的方案"仍不失其重要性，并继续引起人们的高度兴趣。""已经证明的只是：不可能达到希尔伯特心目中的特定的认识论目标，这一目标是要去证明经典数学之公理的相容性恰像初等算术那样具体和一目了然。然而，从纯粹的数学观点来考虑问题，那种以适当选取的、较强的元数学假设（如甘岑和其他人所给出的）为基础的相容性证明，恰是人们所感兴趣的；人们通过这些证明能获得非常重要的见解，从而看清数学的证明论的结构。"

哥德尔的"不完全性定理"出现之后，逻辑主义、直觉主义和形式主义三大学派的论战从根本上改变了面貌。形式主义学派仍然继续在搞各种数学形式系统的相容性证明,但在目标和方法上都离开了希尔伯特原来划定的轨道。直觉主义学派也没有可值得庆幸的事情,因为哥德尔不久又证明,直觉主义学派运用构造方法建立起来的算术和数论实际上包含了全部古典数论,因而同样存在不完全性。逻辑主义学派的影响本来有限;哥德尔的成果表明把数学全部归结为逻辑更是不可能的。总之,三大学派想用各自方案构造数学的一劳永逸的基础的努力,都是无法实现的。这样一来,参加论战的各方都热情大减,转而致力于解决一些比较具体、特殊的问题。希尔伯特的晚景悲凉。他在数学基础研究方向的助手甘岑,在法西斯势力迫害下被迫出走,后来在布拉格遭到逮捕和监禁,死于 1945 年。甘岑的出走使希尔伯特难以在数学基础研究方面继续行进。当他离开人世的时候,他最初希望实现的目标已成为幻影,在这个意义上"我们必将知道"的信念遭到了冲击。但是在更广阔的视野里,"我们必将知道"的信念仍然是数学家热诚信奉的原则。它引导一代又一代数学家以必胜的信心,勇敢地奔向数学的神秘的未知世界。

人的左脑的局限性

回顾人类的认识史,有过不少这样的时候,人们以为自己已经达到了认识的极限,看到了绝对可靠的真理,不久却发现是在作茧自缚。更广阔的未知世界还在前面,人类认识的发展是无止境的。

即使是在以严格精确著称的数学界,这种事情也曾一次又一次发生。人们时常以为,已经清楚的数学领域,一旦形成严谨的理论体系,就变成完全已知的世界。未知的东西总在未经开拓的领域里,在人们已建立起理论体系的领域之外。数学知识的发展是绝对真理的稳步积累和数学领域的稳步扩张,而已知的数学领域是太平无事的。然而,数学史告诉人们,这样一种情景尽管是常见的,但不是永恒的。有时候数学领域也会发生理论体系的重大变革,从根本上改变人们的数学观念。特别是在某一时期的数学理论体系建设臻于完善的时候,在人们以为数学的严格而彻底的完善即将实现的时候,根本性的变革很可能会不期而至。古希腊欧几里得的几何学体系,曾被认为是完美无缺的。19世纪末期数学分析严格化的工作,曾被认为是尽善尽美的。希尔伯特证明数学各分支相容性的努力,曾被认为是接近大功告成的。然而所有这些期盼和自满自足后面,都跟随着一场翻天覆地的变革。庞加莱在1900年宣告"绝对的严密性已经达到了"的时候,曾经想到过我们的先驱者的历史教训。他说过:"如果他们是受骗了,那么,难道我们就不会像他们一样受骗吗?"尽管他最后仍然受骗了,但他提出的问题是令人深思的。希尔伯特和庞加莱的失误,都出在对数学发展的整体认识上。他们都相信数学的绝对严格和精确是可以实现的,而这种认识本身,从哲学的认识论角度看,有着根本性的弱点。因为数学的抽象形式思维,从本质上具有不完全性。哥德尔的不完全性定理,只是这种不完全性在一个方面的表现。

1988年夏季,在大连,本书作者曾同著名数学家徐利治教授进行过一次长谈。讨论的中心内容是数学与人类思维的关系。徐利治教授也是一位哲人数学家。他不仅在函数逼近论、组合数学等领域是杰出的数学家,而且对数学中很多哲学问题有过深入思考。他还开创和引导了中国的数学方法论研究。当时,我们谈到哥德尔不完全性定理的哲学意义,徐利治教授说,他很长时间一直在考虑把哥德尔不完全性定理的意义进一步推广,从哲学角度加以概括和总结,提出"关于抽象形式思维的不完全性原理"。他说,数学的抽象、形式化和公理化从不同角度刻画了数学形式结构的本质特征,它们都是在追求某种严格的、确定的东西。从哲学的反映论角度看,数学的抽象、形式化和公理化作为人脑反应机制的一种本能,总是在对事物存在关系形式的映象加以分解和综合,这就决定了抽象形式思维往往是对实际存在的诸环节实行了不可分离的分离,一方面抓住其本质,视之为特征,概括为普遍属性,形成为概念,作为精确逻辑思维的出发点,另一方面彻底扬弃其他环节,使这些环节再不出现在以后的形式推理内容中。抽象形式思维在本质上是单相的、僵化的、静止的,它不可避免地要割裂数学对象之间的某些有机联系,忽略数学理论体系的某些整体特征,而这些被一度忽略掉的东西积累起来,恰恰可能成为后来数学发展极为重要的东西。由此可知,数学的抽象形式思维总有不完全性。

徐利治教授的这一思想是非常深刻的。他总结了几千年来人类数学认识发展的历史经验教训,从哲学角度揭示了数学的抽象形式思维的固有弱点,而这是以往的数学家视而不见的。即使是像希尔伯特这样比较自觉地探索数学的生命的哲人数学家,也对此缺乏足够的认识。数学的抽象、形式化和公理化在数学发展中是强有力的工具,这一点无可置疑。高度的抽象性和严格的逻辑性被公认为数学理论的本质特征。但是,数学的抽象、形式化和公理化都强调运用逻辑手段把数学对象进行分解,这相当于对数学的生命进行解剖。当把数学理论的有机整体分割成各种相对独立的概念、公式、公理、定理、推论的时候,恰如把一个活的植物或动物分解成各种组织、器官和生理系统一样,有机整体内部的构造细节和规律找到了,然而人们发现的绝不是有机整体内的所有构造细节和规律。因为当解剖刀一旦进入有机整体,必然要割断有机体内的某些活生生的有机联系。如果不这样做,有机体内的构造和规律就无从发现。而这样做的结果,必然要以割断某些尚未来得及认识的有机联系作为代价。也就是说,生理解剖的方法,本身就决定了人们对有机体内部构造和规律认识的不完全性。同样,逻辑解剖(包括抽象、形式化和公理化)的方法,本身就决定了人们对数学的有机整体内部构造和规律认识的不完全性。这种不完全性从数学诞生那天起就已经存在了,并且随着数学的发展而不断变换其形式。每当数学理论体系构建之时,数学家都在撒出"逻辑之网",希望把所有的相关事实都囊括其中。然而,每一"网"撒去,总有"漏网"的东西,总有些特例、反例和不易觉察的细节被漏掉了,而漏掉的东西往往后来又变得十分重要,以至于人们必须编织出更大、更细密的网来捕捉它们。人们有没有可能编织出一张包容一切,毫无遗漏的"网"呢?事实上这是不可能的。如果要以抽象、形式化和公理化作为数学认识的工具,那就必须承认它们对认识对象先分析后综合的性质,也就只能编织出一张无法包容一切,毫无遗漏的网(包容一切、毫无遗漏的东西绝不是网)。另外,即使真的编织出一张包容一切、毫无遗漏的网,那么捕捉到的也只能是一个原封未动,根本看不到其内部构造和规律的对象,人们对其内部的认识还是混沌一片。我们都知道,保持一个活的生物的内部所有有机联系不受任何损伤的办法，就是绝对不要碰它。而这样的要求将使生物学寸步难行。同样，保持数学的有机整体内部所有有机联系不受任何损伤的办法，就是绝对不要分析研究它，而这样的要求将使人类的数学认识至今仍处于原始阶段。生理解剖的目的，当然是为了对生物有机体内的各种有机联系有更深刻、准确的认识。为了更好地了解活的东西，就要先把活的东西变成死的东西，再通过剖析死的东西来深入认识活的东西。这就是辩证法，这就是徐利治教授所说的"不可分离的分离"。人们对数学的生命的认识也是如此。抽象、形式化和公理化都是在施行"不可分离的分离"。一方面，"分离"是必要的；另一方面，"分离"又是有缺陷的，是必然产生不完全性的。"分离"的目的当然不是为了肢解数学的生命，而是为了更深入地了解数学的生命。当希尔伯特将数学的抽象化、形式化和公理化推向极点的时候，他并未意识到，彻底的"分离"将会完全肢解数学的生命，而这一后果当然与希尔伯特毕生为之追求的目标相冲突。他也未意识到，彻底的"分离"是无法实现的，数学的生命又一次从抽象化、形式化和公理化的束缚中挣脱出来，以其旺盛的生命力，开始了新的发展历程。

徐利治教授提出的"关于抽象形式思维的不完全性原理"，应该说是把希尔伯特对数学有机特性的理解和哥德尔的不完全性定理的意义进一步加以综合、提炼的结果。这一原理告诉人们，不要醉心于一劳永逸地建立全部数学的绝对可靠的逻辑基础，不要指望在某一天掌握到绝对真理，从而宣告人类在这方面的认识可以停止。就人类固有的认识能力而言，原则上可以认识到世界上的一切奥秘。在这个意义上，"我们必须知道，我们必将知道"

这句话是至理名言。然而，人类认识的发展是一个过程。随着数学的发展，人类的认识将越来越深入，越来越准确，越来越完全，但认识的终极界限是不会在某个具体阶段的某些人身上降临的。展望数学的未来，仍然是充满未知奥秘的时代。数学这个世界是无穷无尽的。

当徐利治教授深入思考和阐述"关于抽象形式思维的不完全性原理"的时候，他的年龄正好与希尔伯特当年从事数学基础研究时的年龄相仿。但两个人所处的时代已经完全不同了。在经过了近50年的岁月之后，不仅数学研究领域的状况发生了巨大变化，而且数学思想方法的面貌也大为改观。哥德尔的不完全性定理出现之后，数学研究中抽象化、形式化和公理化的趋势受到遏制。重视经验和应用在数学发展中作用的思潮逐渐兴起。有关数学创造性思维活动规律的研究也引起了广泛重视。还有一个更值得重视的因素，即随着脑科学和思维科学研究的深入，人们开始从这个角度来思考数学思维的某些本质特征。徐利治教授谈过，作为一个现代数学家，哲学、思维科学和脑科学的研究成果都是他感兴趣的，他从中获得不少启示和帮助。他提出的"关于抽象形式思维的不完全性原理"与此密切相关。在大连的那次长时间的学术讨论中，徐利治教授与本书作者共同得出一个结论：数学的抽象形式思维的不完全性，正是表明了人的左脑思维的限度。认识到这一点，对于深入理解希尔伯特关于数学的生命的思想观念，当然是极为重要的。

为了便于说明问题，我们简略回顾一下人类对脑的结构和功能的认识发展过程。人们都知道，大脑是思维的器官，不动脑子就不能思维。然而,大脑的构造与思维活动的类型是什么关系,自古以来就是个谜。直到19世纪,人们才开始运用科学的手段和方法,深入这块未知的神秘领地探索奥秘,初步弄清楚其中一些从前鲜为人知的事情。1861年,法国解剖学家布洛卡对人脑进行艰难的尸体解剖研究,发现大脑的左右两个半球(中间有胼胝体相连)分别具有不同的功能,语言功能只同大脑左半球相联系。1873年,德国精神病学家韦尼克发现了感觉性失语症与大脑左半球一定部位损伤的联系。在这之后,人们在很短时间找到了处于大脑皮层不同部位的概念中枢、书写中枢、计算中枢、空间定向中枢等。到了20世纪40年代,美国的韦林为治疗癫痫病,将病人大脑两半球的联系通道胼胝体切开,从而造成了具有两个互不联系的大脑半球的"裂脑人",这就为进一步研究大脑两半球各部位功能的特化提供了客观依据。研究表明,左半球的功能主要是言语、计算、逻辑分析、推理,而右半球的功能主要是空间方位、视觉形象、音乐欣赏和创造。按照一般的理解,与数学直接有关的大脑功能,即符号语言、计算、逻辑分析和推理都在大脑左半球,所以人们习惯上称左半球为"数学半球"。事实上,左半球受损伤的人的数学思维能力是会完全丧失的。但是这并不意味着,大脑右半球就不参与数学思维活动了。因为符号和几何图形都涉及形象思维,这是右半球的事情。右半球还要参与数学的创造性思维活动,包括提出数学猜想并进行修正,进行数学的想象,运用数学直觉能力,鉴赏数学美,等等。数学研究活动是需要左右两半球配合发挥作用的过程。由于大脑两半球的功能各有所侧重,思维类型也不同,通常把大脑左半球的思维类型称为"左脑思维",而把大脑右半球的思维类型称为"右脑思维"。几千年来语言和逻辑思维功能的不断强化，使人的大脑左半球在体积、结构和能力上要优于右半球，由此造成了大脑两半球不对称的现象。然而近年来人们更多地考虑右脑的潜力，因为同右脑相联系的创造性思维活动是模拟智能的电脑所无法取代的，开发右脑的创造性能力就成为智力开发的核心问题。一些专家估计，右脑可能有着巨大的开发潜力，它将对今后的教育改革、人才培养以至社会进步产生难以估量的影响。

从脑科学和思维科学角度来看数学思维的性质和特点，可以获得一种新的理解。数学中的抽象、形式化和公理化，都是典型的左脑思维。这类思维的共同特点是确定性、严格性，并带有一定程度的能行性（在有限步骤内按确定要求可以完成的性质）。这类思维注重一丝不苟的逻辑分析的验证。无论多么庞杂的现象或素材，最终都通过验证而压缩在简洁明了的逻辑框架里。脑神经生理解剖表明，左脑的这类功能非常清楚地同一定的区域联系着，这些区域都很好地相互隔离。可见左脑的生理特点和思维特点是相一致的。然而，数学思维活动并不仅仅依赖于左脑。希尔伯特在"数学问题"演讲中，首先就指出问题的提出意味着数学的生命力。提出问题和解决问题都是探索性的思维活动，这里需要猜测、想象和直觉，需要充分考虑到经验和应用因素的启示，需要创造出全新的数学观念和方法，而这类思维虽然也有左脑参与的成分，但主要是由右脑来承担的。特别是要发现数学各部分内容之间的有机联系，洞察各种数学结构的内在的统一性，使数学理论体系成为一个有机整体，必须依靠右脑的综合和创造能力。右脑的思维类型不像左脑思维那样严谨和拘束，而是强调海阔天空自由构思，由此及彼浮想联翩。从生理特点上看，右脑的功能区域划分不很精细,半球的宽阔区域都参与完成任何一种行动。参加执行严格限定任务的神经元在此扩散得很厉害,而且同从事其他工作的神经元混杂。可见右脑的生理特点和思维特点也是一致的。在数学思维的整个过程中,右脑提供数学发现的素材,其中包括有价值的新思想、新概念、新方法,也难免夹杂错误的猜测和想象。左脑对右脑提供的素材进行加工、整理、选择,取其精华,去其糟粕。在左脑的加工活动中,右脑还不断提出启示、建议和批评,帮助左脑充分考虑各方面因素,借鉴历史上的经验教训,正确地获得规律性的认识。

由此看来,如果把数学思维单纯地理解为左脑思维,那就会堵塞左脑思维加工素材的来源,使抽象化、形式化和公理化处于孤立运转的状态。而这种不正常状态是持续不了多久的。当然,如果局限在某个比较狭窄的具体的课题内,利用其他数学分支或课题提供的素材,也可以搞一些纯粹的抽象化、形式化、公理化研究,在这里单靠左脑思维也可以维持数学研究的进行。但这种研究的作用只能是在已有理论体系上修修补补,使其更加完善,不可能有更大作为。如果立足于整个数学发展的战略角度,就必须强调数学思维中左右脑的充分配合与协作。这是数学思维具有活力的基本保证,也是能够探索数学的生命的基本保证。如果切断了左右脑的联系,数学思维的活力和数学的生命都将荡然无存。

从脑科学和思维科学角度来看希尔伯特一生的学术经历,也可以对他的思想方法获得一种新的理解。希尔伯特一生中取得的一系列辉煌成就,实际上都是自觉或不自觉地使左右脑思维积极配合的结果。希尔伯特在推动数学的抽象化、形式化和公理化方面,是登峰造极的人物,他创立的元数学代表着当时形式化和公理化的最高成就。可见,他的左脑思维能力是超乎常人的。然而,他的右脑思维也极为发达。希尔伯特周围的数学家认为,他一直是通过猜测来进行构思的。他在"数学问题"的演讲中说:"在算术中,也像在几何学中一样,我们通常都不会循着推理的链条去追溯最初的公理。相反地,特别是在开始解决一个问题时,我们往往凭借对算术符号的性质的某种算术直觉,迅速地,不自觉地去应用并不绝对可靠的公理组合。这种算术直觉在算术中是不可缺少的,就像在几何学中不能没有几何想象一样。"当希尔伯特着手研究代数数域理论中高于二次的一般互反律时,他事先非常准确地猜出了这种形式的互反律应该是什么样子。当他从事几何基础研究时,他提出了令人拍案叫绝的"桌子、椅子、啤酒杯"的类比。在研究积分方程时,他的出发点是对不同数学部门以及数学与物理学之间存在的基本关系的直觉把握。在他看来,个别重大问题是数学的活的血液。果尔丹问题、狄利克雷原理的挽救、华林问题等,对于他来说都具有巨大的吸引力,而他解决问题的关键总是方法上的创新,是凝聚了巨大创造力量的突破。正是由于他在猜测、想象、直觉能力上极为发达,相应地提高了左脑思维的效率和水平,这才使左右脑的配合结出了累累硕果。希尔伯特一生中反复强调理论与实践、思维与经验的有机联系,注重纯粹数学与应用数学的平衡发展。他清醒地意识到,纯粹的数学理论思维沿着形式化和公理化方向的发展,需要某种与经验、应用密切相关的非逻辑的东西加以补充和平衡。这正是在建立和完善左右脑思维相互配合的机制,而这恰恰是希尔伯特取得巨大成功的一个诀窍。

1962年,在希尔伯特100周年诞辰的时候,他的学生理查德·库朗(Richard Courant)回到了哥廷根。作为希尔伯特最出色的弟子之一,美国数学界的带头人物,他深刻地评价了希尔伯特的思想方法。他说:"各种各样的力量都强调抽象的方向,致使伟大希尔伯特学派的传统只有这一个方面被继承下来。""直观和逻辑,'扎根于实际的'问题的个别性和影响深远的抽象的一般性,这是两对矛盾着的力量,而正是矛盾双方的起伏波动决定着活的数学向前发展。所以,我们必须防止被驱赶而只向有生命的对立的一极发展。""我们必须把数学当作科学长河中的一个统一的和有生命的支流,注以力量;不使它湮没在沙滩中。""希尔伯特以他感人的榜样向我们证明:这种危险是容易防止的;在纯粹和应用数学之间不存在鸿沟,数学和科学总体之间,能够建立起果实丰满的结合体。因此,我确信,希尔伯特那有感染力的乐观主义,即使到今天也在数学中保持着它的生命力。唯有希尔伯特的精神,才会引导数学继往开来,不断成功。"

库朗是真正领会希尔伯特思想方法之精髓的人。他和希尔伯特一样相信数学的生命的存在,并为探索数学的生命奋斗终身。库朗热情赞颂的希尔伯特的乐观主义,在新的时代背景和数学发展水平上具有了新的意义。如果把数学思维局限在左脑范围内,"我们必将知道"是成问题的。如果把数学思维置于左右脑配合的基础上,"我们必将知道"是合理的,是必将实现的。希尔伯特那爽朗的笑声,今后仍将给一代又一代数学家以鼓舞和力量,它的魅力是永恒的。

七　人格的魅力

希尔伯特得到了全世界数学工作者的崇敬和爱戴,也得到了各界学者以至民众的尊敬和景仰。这不仅是由于他在学术上的卓越成就,也由于他作为学者所具有的人格的魅力。在他的身上,为学和为人是统一的。彻底的科学精神和科学的价值观念贯穿于他的学术活动和社会活动之中,使他的正直、真诚、严谨、谦逊的品格,成为一代又一代数学工作者的楷模。

数学家的正义感

数学家并非生活在"象牙塔"里。他的主要精力可能一生都在抽象的数学领域,他也许希望一生中都不要有别的操心事情发生。但他毕竟是有七情六欲的真实的人,他总要受一定的社会环境影响和制约。在数学上,任何一个够格的数学家,都能够坚持真理,修正错误。他不会容忍投机取巧、欺瞒诈骗、强权压制、阿谀逢迎,因为所有这些都是数学发展所不容许的。但是,在社会生活中,他是否能做到这一点呢?当面对社会上的丑恶现象,如果坚持正义就会带来风险时,他应该怎样做呢?希尔伯特的行动给出了精彩的回答。

我们在本书引言中提到,希尔伯特和爱因斯坦一道抵制了德国政府1914年要求最著名学者发表的拥护战争的《告文明世界书》。这对于爱因斯坦来说，压力当然不小。但爱因斯坦毕竟同时是一位瑞士公民，这是使他免于被看作卖国贼的唯一理由。希尔伯特则不然，他是纯粹的德国人，这是狂热的好战分子们所不能原谅的。希尔伯特本人并没有想当反战英雄的愿望。他只是以一个数学家所特有的责任感，从头至尾仔细检查《告文明世界书》的每个句子。这上面开头第一句话就是："说德国发动了这场战争，这不是事实。"而事实上，德国军队正在入侵当时保持中立的比利时，以便取道攻入法国北部。当时到处流传的战争消息，以及《告文明世界书》中"此地无银三百两"式的辩解，使希尔伯特自语道："这不对吧……"最后，他因为不能判断《告文明世界书》上说的话是否都是事实而拒绝签名。

并不是所有的数学家都能像希尔伯特这样思考和处理问题。著名的菲利克斯·克莱因就毫不犹豫地签上了自己的名字，并自以为这是爱国之举。尽管他很快又为自己的草率和冒失后悔。希尔伯特为自己的行动付出的代价是，战争开始后的下一个学期开学后，许多人不再来听他的课了，好像他真是个卖国贼似的。

三年后的1917年，战争仍在继续，德国和法国军队打得难解难分，法国著名数学家达布逝世的消息传到了德国。达布的科学研究几乎涉及数学和物理学所有主要领域，特别是在微分方程和微分几何方面有突出贡献。听到达布逝世的消息，素来敬佩达布的希尔伯特立即写了两篇悼念文章发表。文章刊出后，一群凶悍的学生聚集在希尔伯特的住所前，要求他收回悼念"敌人的数学家"的文章,并销毁所有复印本。希尔伯特拒绝了,并跑到校长办公室要求官方就这些学生的无理行为进行道歉,否则他将提出辞职。他很快就收到了这样的道歉。

战争结束了。1920年召开的第六届国际数学家大会由于在法国的斯特拉斯堡(第一次世界大战前属德国)举行,德国拒绝参加。1924年召开的第七届国际数学家大会在加拿大多伦多举行,没有邀请德国等战败国的数学家。到了1928年,第八届国际数学家大会将在意大利的波隆那召开,这次向德国各学校和数学组织发出了邀请。以强烈的反犹太情绪著称的柏林大学教授比勃巴赫发出公开信,鼓动德国所有学校抵制这次大会。这种狂热的民族主义情绪居然得到了布劳威尔等人的支持。希尔伯特力排众议,坚持要求组织代表团参加这次会议。他说:"我们相信,比勃巴赫先生的做法将给德国科学带来不幸,并使我们受到来自友好方面的正当批评……意大利同行们不惜花费时间和精力,为伟大的理想主义而奔走……在这样的情况下,对这次会议采取亲善的态度,似乎是应有的正直行为和最起码的礼貌。"

1928年8月,希尔伯特带病率领代表团赴波隆那出席会议。在开幕式上,当德国代表团入场时,人们看见一个熟悉的但已显得有些苍老的人走在前面,霎时全场鸦雀无声,紧接着,响起了热烈的掌声,每个代表都从座位上站起来表示欢迎。

希尔伯特的声音又响了起来:"我感到万分高兴,在一个漫长而艰难的时期以后,全世界数学家又在这里欢聚一堂。为了我们无比热爱的这门科学的繁荣,我们应该这样做,并且也只能这样做。"

"应该看到,作为数学家,我们是站立在精确科学研究的高山之巅。除了义不容辞地担当起这个崇高的职责,我们别无选择。任何形式的限制,尤其是民族的限制,都是与数学的本质格格不入的。在科学研究中人为地制造民族的或种族的差异,是对科学极端无知的表现,其理由是不值一驳的。"

"数学不分种族……对于数学来说,整个文明世界就是一个国家。"

第一次世界大战之后,希尔伯特有过一段平静的日子,可以专心致志搞数学研究。但好景不长,一股更为强烈的狭隘民族主义情绪重新抬头,并且很快演变成为打着"国家社会主义"旗号的法西斯主义思潮。狂热的排犹运动席卷整个德国,尤其指向出身犹太民族的著名学者。希尔伯特的一些亲密朋友和学生面临着难以预料的厄运。

杰出的女数学家诺特首先受到冲击。1933年4月26日,报纸上刊登一项通告:按照纳粹德国的新法律,六个犹太教授必须离开哥廷根大学,其中之一就是诺特。诺特是在希尔伯特、外尔等一批著名数学家的保护和支持下进入数学殿堂的。1916年,她应希尔伯特的邀请来到哥廷根,用希尔伯特的名义讲代数不变量理论。希尔伯特很看重诺特的才能,因此向校方提出给予诺特以讲师资格。在当时的德国学术界,歧视妇女的风气很浓。讨论诺特的讲师资格需要由哲学院教授会全体会员投票。哲学院除数学家和自然科学家外,还有哲学家、语言家和历史学家。那些非数学的成员明确表示反对:"一个女人怎么能做讲师呢?"希尔伯特气愤地说:"我无法想象候选人的性别竟成了反对她升任讲师的理由。别忘了,我们这里是大学而不是澡堂。"

诺特的讲师资格直到 1919 年才获通过。1922 年,她成为非正式的特别教授,没有正式工资,只能从听课学生的学费中支付一小笔薪金。尽管希尔伯特等人尽全力为诺特创造研究和教学工作的条件,尽管诺特本人对不合理的待遇和艰苦的生活泰然处之,诺特在哥廷根的学术成就也日益引起国际数学界的重视,这一切都没有改变她在哥廷根越来越困难的处境,直到被迫离开德国。

仅仅因为是犹太人而在当时遭到迫害的,还有埃德蒙·兰道(Edmund Landau)、保罗·贝尔奈斯(Paul Bernays)、库朗等著名数学家。尽管希尔伯特、海森堡、普朗克、外尔、薛定谔等世界一流科学家联名上书学校当局,希望留住库朗,仍然没有使纳粹分子的迫害有所缓和。这些人被迫背井离乡,流落异国。希尔伯特用心血培育起来的哥廷根数学研究中心,被搞得七零八落。一次宴会上,希尔伯特坐在新任命的纳粹教育部部长旁边。纳粹官僚问道:"现在哥廷根的数学怎么样?它已经完全摆脱了犹太人的影响!"希尔伯特回答:"哥廷根的数学?确实,这儿什么都没有了。"

希尔伯特夫妇对纳粹政权最初采取了直言不讳的反对态度。随着纳粹分子野蛮行径的升级,正常的学术活动也难以顺利开展了。希尔伯特只能保持沉默,沉默中包含着无比的愤怒。

1934年，德国报纸曾登出一份声明，宣布德国科学界支持希特勒，签字的名单里有希尔伯特的名字。现在已无从考察希尔伯特是否真的在声明上签了字。希尔伯特的学生和助手阿诺德·史密特(Arnold Schmidt)当时和他经常在一起，他记不得有过这件事，并认为签名这件事跟希尔伯特的信仰是背道而驰的。但他也不排除这种可能性："在当时的情况下，为了避免被人搅扰，希尔伯特可能会在任何东西上签名。"

对于数学家来说，最重要的事情是保留从事数学研究的自由。对于社会的事情，他有自己的是非观念，并能够竭尽全力伸张正义，帮助受难的同行。但如果社会上的邪恶势力一时过于强大，以至于勉强对抗可能断送从事数学研究的自由时，多数的数学家的态度只能是沉默，以无声的反抗表示自己的立场（像比勃巴赫这样利欲熏心的投机者毕竟是极少数）。很多年以前，在一次朋友聚会中，大家谈到对伽利略的宗教审判，有人责备伽利略没有为了自己的信念坚持到底，希尔伯特说："伽利略并不是一个傻瓜。只有傻瓜才相信科学真理需要宗教式的殉道，科学成就要靠时间来证明自身的正确。"希尔伯特在30年代的处境尽管与伽利略的处境性质不同，但他可能也有着类似的心情。面对着失去理智的纳粹暴徒，正面的冲突是否值得呢？从整个数学发展和希尔伯特的历史作用角度看，他的选择也许不失为最佳选择。

希尔伯特不仅在政治态度上有明确的是非观念，坚决反对种族、性别和政治偏见对学术研究的干扰，憎恶强权和暴政，他还尽一切可能的努力帮助受到不公正待遇的学者，维护学术界的正义。德国哲学家列奥纳德·尼尔森(Leonard Nelson)比希尔伯特小20来岁,在柏林大学获得博士学位后到哥廷根大学,希望在那里成为一名哲学讲师。由于此人好批评,好争论,引起了哲学教授埃德蒙·胡塞尔(Edmund Husserl)的不满。胡塞尔是现象学哲学大师。也许是由于现象学哲学本身追求终极真理,使得胡塞尔对好挑剔者深恶痛绝。尼尔森的晋级论文也遭到了包括数学家在内的哲学教授会(相当于职称评定委员会)的多数成员的否决。就在尼尔森躲在自己房间里垂头丧气的时候,希尔伯特前来安慰他,并邀请他到家里吃晚饭。后来又帮助他通过多方面努力,使晋级论文得到哲学教授会的肯定。这件事花费了希尔伯特好几年的工夫。一个立陶宛的犹太青年雅可布·格罗美(Jakob Grommer)由于没有预科学校的毕业文凭,致使博士学位的获得受到影响,但他的博士论文很有创见。希尔伯特明确表示:"如果没有预科毕业文凭的学生都能写出像格罗美这样的论文,那就必须作一条规定:禁止参加预科学校的考试。"在希尔伯特全力支持下,格罗美终于如愿以偿。

真诚的心灵

希尔伯特为人处世是十分真诚的。他的心灵像纯数学那样纯净,不沾染任何尘世的杂念,不矫饰,不伪装,毫无含混和圆滑之处。他对教师、同事、朋友和学生都热诚相待,因而赢得了人们的普遍尊重和许多珍贵的友谊。库朗评论说,希尔伯特对人"不抱任何成见,对批评、对不同观点以及对每一个学生都这样,凡是与他接触过的人,都有这样的感觉。虽然他是一位思想巨人,科学上的伟才,但是,无论是谁,只要你找他谈,他都能平等相待,因此他很得人心。"

希尔伯特对于学术界的前辈十分尊敬，但从不奉迎，从不盲从，而是真心实意地向前辈们学习，求得前辈们的指教。他刚刚进入数学研究领域不久，便主动拜访了菲利克斯·克莱因、埃尔米特、庞加莱、克罗内克等数学大师。他热诚地赞扬了老一辈数学家的工作及他们各自的优秀品质，同时也不留情面地表达了与其中某些人在学术上的不同意见。前面说过，当希尔伯特第一次拜访令人望而生畏的克罗内克时，出乎意外地受到了非常友好的对待。希尔伯特并无受宠若惊之感。他后来在《数学问题》的演讲中，还是毫不客气地批评了克罗内克的观点。当希尔伯特刚刚在数学界崭露头角时，菲利克斯·克莱因已是举世公认的德国数学界的领袖。一些学者和青年学生把他称作"神一样的菲利克斯"。因为他非常威严，不苟言笑，很多人都尽量避免冒犯他。然而，希尔伯特在与菲利克斯·克莱因相处时，从不隐讳自己的观点，并且直率地提出自己的不同见解。菲利克斯·克莱因感到，希尔伯特对任何权威都要问个为什么，无论是在人事还是数学方面。他走着自己的路。他向别人说过，希尔伯特是世上最不易相处的人。奇怪的是，菲利克斯·克莱因倒十分欣赏这种性格，正是他提名希尔伯特担任哥廷根大学的数学教授。

希尔伯特对待朋友，也是非常诚挚的。前面说过，希尔伯特年轻时就同闵可夫斯基、赫维茨建立了深厚友谊。在以后长达20多年的交往中，他们始终互相关心，互相支持。闵可夫斯基与希尔伯特初期研究志趣相投，后来发生分化。希尔伯特侧重纯粹数学方面的研究，而闵可夫斯基则对数学物理发生越来越大的兴趣。他第一次用数学方法揭示出爱因斯坦狭义相对论的物理实质，为相对论的广泛传播作出了贡献。学术研究方向的差异并未影响希尔伯特与闵可夫斯基的友谊。两个人的思想交流反而更加频繁。就在希尔伯特的 40 岁生日过后不久，著名的柏林大学向他发出担任数学教授的邀请，而哥廷根大学的师生们则盛情挽留。希尔伯特思忖再三，决定继续留在哥廷根，条件是把闵可夫斯基调到哥廷根来工作。这对于当时多少有点遗憾地待在苏黎世的闵可夫斯基来说，是很大的帮助。闵可夫斯基的到来也加强了哥廷根的学术力量，这使得哥廷根数学俱乐部的成员们欢欣鼓舞。1909 年，不满 45 岁的闵可夫斯基，正值科学创造活动的高峰年龄，却因急性阑尾炎发作突然逝世。希尔伯特的一个学生回忆说："当希尔伯特告诉我们闵可夫斯基的噩耗时，我正在课堂。希尔伯特哭了。由于教授在当时的崇高地位以及他跟学生之间相敬相远的关系，看到希尔伯特流泪几乎比听到闵可夫斯基去世所受到的震动更大。"

希尔伯特同赫维茨的感情也是同样深厚的。闵可夫斯基和赫维茨曾一起仔细地审校过希尔伯特的很多文稿，包括著名的《数学问题》的初稿。希尔伯特在解决经典数论的难题——华林问题时，就利用了赫维茨的研究成果。在赫维茨看不到有成功希望的地方，希尔伯特取得重要突破，这使他非常高兴。但他同时对老朋友更加敬重。他称赞赫维茨是"一位全面发展，具有开明哲学思想的人，乐于承认和欣赏别人的成就，对于科学的每一个进步，他都充满衷心喜悦的人。"这当然也是他自己的心灵写照。

希尔伯特对于学生，既严格又热情，称得上良师益友。对于那些与自己观点不同的学生，他从来都以数学家特有的认真态度来处理相互关系，坚持学术平等和民主。他同外尔的关系是处理师生关系的典范。

外尔1885年出生于德国北部的一个乡村小镇。他从上大学起就追随希尔伯特。外尔说过：希尔伯特的"乐观,热情,他对于科学的价值的无可动摇的信仰,以及对简明的问题追求简明答案的推理能力的坚定信心",这一切都有着不可抗拒的魅力。外尔早年的学术研究,也深受希尔伯特影响。1917年以后,外尔在数学基础的观点上转向布劳威尔的直觉主义,这同希尔伯特的主张相冲突。希尔伯特曾经很生气。外尔的文字表述又很有文采,很快使得布劳威尔的思想广为流传,因而希尔伯特在抨击布劳威尔时,连外尔也一起捎上了："外尔和布劳威尔的所作所为,归根结底,是在步克罗内克的后尘！他们要将一切他们感到麻烦的东西扫地出门,以此来挽救数学……他们要对这门科学大砍大杀。如果听从他们所建议的这种改革,我们就要冒险,就会丧失大部分最宝贵的财富！"从希尔伯特的激烈言辞中,外尔感受到了老师的"愤怒和决心"。

可是,这一切并没有影响希尔伯特对外尔的杰出才能和良好品德的信念。当哥廷根数学研究所成立时,希尔伯特马上想到外尔,认为外尔最有资格在这里工作。就在希尔伯特同直觉主义公开论战的1922年,他向外尔发出了到哥廷根大学工作的邀请,由于战后德国生活环境困难,外尔没能去哥廷根。10年后,在物色希尔伯特退休后的接班人时,希尔伯特再次邀请外尔来哥廷根工作。外尔以激动的心情回信说："应召作为你的继任,我内心的欣喜和自豪是无法用言词来形容的。"在希尔伯特70寿辰之际,外尔在《自然科学》杂志上发表生日祝词："希尔伯特的生日是德国数学家的高贵节日;我们年复一年地纪念它,不仅是为了表达每个人对这位伟人的热烈崇敬,同时也是为了肯定他们自己的信念和团结。"

希尔伯特是一位善于发现和培养科学家的数学家。他的学生中有一大批世界一流的数学家和物理学家。这些人本身的素质好,主动投奔哥廷根而来,而且个个勤奋好学,苦心钻研,这些固然是成才的重要条件。但希尔伯特精心的指导和潜移默化的影响,也是十分关键的因素。希尔伯特的学生奥托·布鲁门塔尔(Otto Blumenthal)和策梅洛(就是提出 ZF 公理系统的那个人)打算开一门初等数论的试验课程。为了使这个计划具有权威性,希尔伯特和闵可夫斯基总是定期去听他们的演讲。希尔伯特的学生——后来的诺贝尔奖金获得者马克斯·冯·劳厄(Max von Laue)在听过希尔伯特有关变分学的演讲后说:"看到借助于数学方法可以获得那么丰富的自然信息,我感到无比惊奇,这是一个有决定意义的印象。当本来是一片模糊的事实变得豁然开朗时,一种对理论的崇敬之情就会浸透我的心灵。尤其是大卫·希尔伯特的出色的演讲,使我对纯数学留下了深刻的印象。"希尔伯特的另一个学生和助手,后来也获得诺贝尔奖的马克斯·玻恩(Max Born),谈到与希尔伯特和闵可夫斯基经常进行的讨论时说:"不仅在科学方面,而且在为人处世方面,它都为我提供了宝贵的学习机会。我敬慕、热爱他们两位;他们也把我看作一名年轻的同事相待,绝不让我感到我们之间在知识和经验方面的悬殊差距。"希尔伯特指导过的学生,还有放弃优裕家庭生活远道前来求学的希腊富商之子康斯坦丁·卡拉泰奥多里(Constantin Carathéodory)、来自波兰的休戈·史坦因豪斯(Hugo Steinhaus)、来自美国的柯里等,他们从世界各地投奔到希尔伯特门下,并且后来都在不同领域作出杰出贡献。据统计,先后有69名数学家在希尔伯特门下获得学位。这是希尔伯特贡献给数学界的一笔巨大财富。

希尔伯特对学生的真诚,绝不是随和与迁就。他是严厉而认真的教师,不喜欢奉承的学生,也不喜欢自鸣得意的学生,在讨论班上,希尔伯特总是聚精会神听学生的发言,通常是温和地纠正别人的错误,表扬好的工作。但如果觉得某个地方过于显而易见,他就会不客气地说:"这太简单啦!"有时他也会大发雷霆。一个学生回忆说:"要在他面前讲一句假话或空话,那你最好还是三思而行,他的直率可不是好惹的。"

著名数学家、现代控制论的创立者诺伯特·维纳(Norbert Wiener)自幼天分很高,6岁开始博览群书,11岁中学毕业后进入一所学院,14岁考入著名的哈佛大学研究院。他的自传的前半部分标题是《昔日神童》,后半部分标题是《我是一个数学家》,可见是很自负的。20世纪20年代初,维纳访问哥廷根时进行了一次学术演讲。演讲结束后共进晚餐时,希尔伯特说:"现在的演讲比过去差远了。在我年轻的时候,人们都很讲究演讲艺术。演讲人对于自己究竟要讲些什么以及怎样才能讲好,考虑是很多的。现在的年轻人却不这么干,在哥廷根尤其如此。我想世界上最差的演讲恐怕就是在哥廷根做的。今年情况更坏,我压根儿就没有听到一次好演讲。最近尤其糟糕。不过,今天下午有个例外……"

这时,"昔日神童"洗耳恭听,以为希尔伯特马上要夸他了。

"今天下午的这个演讲嘛,"希尔伯特说,"是最近所有这些演讲中最糟糕的一次!"

尽管有这样尖刻的批评,维纳仍然认为希尔伯特是"能够把巨大的抽象能力与实际的物理意义密切结合起来的伟大数学家",是自己学习的楷模。

希尔伯特对学生的要求,有时过于严厉,甚至有点不近人情。他反对年轻的科学工作者急于结婚,认为这会妨碍科学工作。他同阿克曼合著过《理论逻辑基础》一书。阿克曼较早地结了婚,希尔伯特很生气。他不愿为阿克曼的前途出力,结果这个年轻的逻辑学家在大学找不到工作,只好到中学教书。不久,希尔伯特听说阿克曼要有孩子了,他说:"对我来说,这真是一个好消息。因为这个人既然这么糊涂,这么着急结婚、生孩子,那我就完全不必来为这样一个糊涂蛋承担任何义务啦!"

1918年初,年轻的乌克兰数学家亚历山大·奥斯特洛夫斯基(Alexander Ostrowski)来到哥廷根。他最初感到希尔伯特待人彬彬有礼又带几分冷淡。时间长了,他感到在希尔伯特身边学习其为人品格,是很有意思的。尤其使他感兴趣的是希尔伯特作为一个才华出众的人与周围的人相处的方法。他说,希尔伯特"显然很早就遇到了这个问题……并且可能很早就看到了处理这个问题的困难之处。他是闵可夫斯基的密友,而闵可夫斯基是一颗明星——一个赢得巴黎科学院大奖的大学生!人们都很敬慕闵可夫斯基,但在哥尼斯堡这样一所小大学里,也一定有很多人不喜欢他。闵可夫斯基很明显是一个犹太人,而且还是非德国出生的犹太人。在那个时候,我想希尔伯特就开始考虑才能出众的人如何同周围的人相处的问题了。这是一个经常遇到的问题,而我认为大多数人都没有及时地解决这个问题。他们或者是没有意识到这问题的存在,或者是需要利用他们的优越地位来克服某种自卑心理。照我的看法,希尔伯特很好地避开了这些困难。"奥斯特洛夫斯基并没有明确指出,希尔伯特是如何避开这些困难的。但答案很明显,这就是靠希尔伯特所特有的真诚,一种把科学精神贯彻到底的真诚。一个在数学研究中不断追求真理,毫无虚假和浮夸之心的人,一个用自己的全部身心去探索和掌握数学生命的人,在处世为人上也应该追求真诚,毫无虚假和浮夸之心。希尔伯特在社会生活中所具有的超凡脱俗的真诚,同他在数学领域中超凡脱俗的思想和洞察力是完全一致的。这里不需要某种专门的技巧、权术和心计,恰如真正的数学家不需要任何掩人耳目的小把戏一样。

在名利面前

希尔伯特的思想观念和品格是神圣的,但希尔伯特不是神。作为一名真正的数学家,他和常人一样要接触名利,而且他决非那种彻底淡泊名利,视同儿戏的人。他重视自己的形象、声望和名誉,可是从来不沽名钓誉。他欣赏自己的成就和荣誉,可是从来没有非分之想。像在社会生活的其他方面一样,他对待名利也是认真的,而且是以数学家特有的条理清晰的思维方式来对待的。

我们在前面的第四章提过,希尔伯特竟然比爱因斯坦提前 5 天,发表了关于广义相对论的研究成果。这是科学发展史上的重大事件。如果换一个人,或许会引起一场科学发现优先权的争论。实际上,科学史上的这类事情是屡见不鲜的。17 世纪牛顿和莱布尼茨各自独立地创立微积分理论之后,关于优先权的争论波及两国数学界。牛顿的英国同胞们坚决维护牛顿的"优先权",并且都使用牛顿的微分符号 $\dot{X}, \dot{Y}$;而莱布尼茨的德国同胞们分毫不让,并且都使用莱布尼茨的微分符号 dx, dy。"点主义"与"d 主义"之争延续了许多年。此外,牛顿还和他的同胞胡克就光学和天体力学方面的优先权问题争得一塌糊涂。到了 18 世纪,有化学界关于发现水的化合物性质的优先权之争,有天文学界关于海王星发现优先权之争,医学界关于种痘免患天花的发明优先权之争。整个 19 世纪,科学巨匠李斯特、法拉第、拉普拉斯、高斯等人都一一卷入各种发现发明优先权的争论之中。到了希尔伯特这里,一些人以为,又该有"好戏"唱了。毕竟希尔伯特抢先了 5 天。可是希尔伯特却毫无争夺优先权的热情。他坦率地承认,并时常在演讲中声明,广义相对论的伟大思想应归功于爱因斯坦。希尔伯特认为爱因斯坦理论的漂亮之处在于它的伟大的几何抽象。1915 年颁发匈牙利科学院的大奖——第三次波约奖时,希尔伯特推荐了爱因斯坦,"因为在他的一切成就中所体现的高度的数学精神。"

当然,希尔伯特对爱因斯坦的评价,也包含着某种潜在的然而是强烈的自尊心。他说:"哥廷根马路上的每一个孩子,都比爱因斯坦更懂得四维几何,但是,尽管如此,发明相对论的仍然是爱因斯坦而不是数学家。"他在另外一次演讲中说:"你们知道为什么爱因斯坦能够提出当代关于空间和时间的最富有创造性和最深刻的观点吗？因为他没有学过任何关于空间和时间的哲学和数学！"

希尔伯特一生中获得过许多荣誉和奖励。他是第二次波约奖的获得者，由著名的庞加莱向评奖委员会报告他的工作（第一次波约奖的获得者是庞加莱，而希尔伯特当时是两个候选人之一）。德国政府授予他"枢密顾问"（大致相当于英国的爵士）的头衔。

1913年，他当选柏林科学院院士。1930年，他的故乡哥尼斯堡市政会授予他"荣誉市民"的称号。哥廷根的一条大街命名为希尔伯特大道。听到这个消息，希尔伯特夫人高兴地叫起来："大卫，这个想法不是太妙了吗？"希尔伯特回答："想法，不，这是法律文件规定执行的。啊——妙极了。菲利克斯·克莱因必须等到去世之后才有一条街用他的名字命名！"

希尔伯特时常踌躇满志，他获得的值得骄傲的成就如此之多，以至于远远超出同时代人，这是事实。希尔伯特并不有意回避这一点。他的学生布鲁门塔尔说，希尔伯特"以朴素而稳重的喜悦接受了这种成功，并没有用虚伪的谦虚来自扰。"但是，希尔伯特绝对不喜欢奉承。有人想给希尔伯特送点东西。当他口口声声用"枢密顾问阁下"来称呼希尔伯特时，希尔伯特显得很不高兴。对方着急了，便问："我打扰您了吗？枢密顾问阁下？""不，你没有打扰我，"希尔伯特答道，"除了你的奉承之外！"

希尔伯特对自己的认识是十分清醒的。他说过："我之所以能在数学上做一点事情,就是因为我老觉得它特别难。当我阅读或听别人讲解某个问题时,我老是觉得它很难理解或几乎不可能理解,这时我禁不住要问自己:这问题是否可以化简单一些呢?而在某些情形下,我终于能够弄清楚,这实际上是一个更简单的问题!"

布鲁门塔尔认为,一些不十分了解希尔伯特的人确实把他看成一个全能的数学家、一架逻辑机、问题的解决者和纯粹思维的化身。希尔伯特可能不喜欢这样的评价。布鲁门塔尔说:"我同他相处愈久,就愈认识到他是一个聪明豁达的人,一经意识到自己的能力,就为自己树立了一个始终不渝、全力追求的崇高目标,这就是:至少在精确科学的专门领域里达到统一的世界观。"

希尔伯特的学生史坦因豪斯后来成为著名数学家。他在泛函分析研究中有着重要贡献,还写过一本译成多种文字广为流传的科普读物《数学万花镜》。史坦因豪斯描述希尔伯特讲课的情景时说,经常有好几百人挤在大厅里听他讲课,有些人甚至栖在窗台上,而希尔伯特的举止绝不受听众的多寡和地位高低的影响。"即使皇帝亲自来到这间大厅,希尔伯特也不会变样。"为什么会这样呢?是因为他是德国领头的数学家吗?"不,假如他只有一片面包,他还会是这个样子。"

这就是希尔伯特,一个重视名利但决不追逐名利,欣赏名利但决不卖弄名利的人。他活得真实、表现得真实、追求真实而又承认真实。对于他来说,名利是社会对科学家个人价值的承认,除此之外没有别的意义。希尔伯特不是那种有意表现得谦卑有礼的"君子"型学者,他从不无缘由地自己贬低自己,也从不无缘由地贬低别人。他不想把自己打扮得超然物外,也从不得意忘形、利令智昏。无论是在什么样的情感波澜之中,他作为数学家的清醒头脑始终是在正常地工作。这种不沾染功利色彩的出奇的冷静与自制,只有在深刻领悟纯数学的精神实质的人身上才能看到。希尔伯特就是这样的一个典型。

在数学家中,大体上有两种类型。一类是处理"死数学"的,另一类是处理"活数学"的。处理"死数学"的数学家,把作为有机整体的数学分割成一个个狭窄的领域、分支、专题,究其一点而不及其余。他们感兴趣的是作为知识成果的定理、公式、数据、图表,整天想的是如何做一点改进和推广,如何找到一点应用,如何提高一点技巧,如何在已有的研究规范指导下做得更完善一点、更细致一点。这种研究方式,同直接处理非生命的物质运动形态的物理学、化学及相应的工程技术研究方式,是没什么实质差别的。这一类数学家最终练的是操作程序和技巧,只要有着足够的知识基础和毅力都可以办到。而处理"活数学"的数学家,注重的是作为有机整体的数学的生命,注重的是数学领域各部分内容之间的有机联系。他们感兴趣的首先是作为认识过程的思想、观念、创造活动,然后才是知识成果。他们整天想的是数学的动力和源泉、数学发展的新的"生长点"、数学思维方式的进步和已有的研究规范的改进与变革。他们把数学发展看成活生生的动态过程,力求掌握其精神实质和生长规律,掌握符合数学发展规律的思想方法。这种研究方式,同处理有机体的内部规律的生物学、生理学、心理学研究方式,是有类似之处的。这一类数学家最终练的是思考能力和创造能力,只有具备深厚的哲学和文化修养,有卓越的洞察力和杰出才能的人才可以办到。前一类数学家并不少见,他们也可能取得很可观的成绩,在不同领域作出自己的贡献。但他们难以成为后一类数学家,因为后一类数学家都是数学大师。他们为数很少,但往往起到多数人起不到的,这就是在总体上推动数学发展的作用。希尔伯特是后一类数学家的典型。他的思想方法,明显地勾画出两类数学家的实质差别。

两类数学家在培养学生的方式上也是不同的。前一类数学家一般只能培养出前一类数学家,而且在很大程度上是一种"复制"。后一类数学家不仅能培养出前一类数学家,也能培养出后一类数学家。从希尔伯特的成才之路、研究历程及培养学生的过程中,可以明显看到这一点。希尔伯特的学生评论说,听希尔伯特的课,会觉得数学是"活"的。比起菲利克斯·克莱因那种精心准备、百科全书式的"完美"讲演来,学生中的大多数人更喜欢希尔伯特的课。实际上,正是这种"活"的数学奠定了希尔伯特作为现代最伟大的数学家的地位。

更引人注目、发人深思的是两类数学家在生活方式上的差别。前一类数学家的为人和为学,有时是不统一的。其中一些人把研究数学时那种单调的、僵硬的思维方式照搬到生活之中,整天同抽象的数学符号打交道,对生活中的其他事情兴味索然,变成了不食人间烟火的"怪人"。另一些人把数学研究仅仅当作一种职业技能,一种谋生的和获取名利的手段。至于他们的处世为人准则,可能相当世俗化,个别人还难免有圆滑浅薄之处,与他们在数学研究中的精神气质毫不相干,看上去简直判若两人。后一类数学家的为人和为学是高度统一的。他们对数学的理解和掌握,是从数学的有机的特性出发的,是同人自身的本性不矛盾的。他们对数学的生命的深刻认识,与他们自身的品德和价值观念,是互相联系,互相渗透,互相促进的。这一类数学家能够将数学的生命同自身的学术生命融为一体,在为人和为学上都达到高尚的精神境界。他们有着丰富的精神生活和精神财富,并能够现实地、理智地、有条理地处理生活中的各种事情,为自己创造一个良好的学术工作环境。他们从数学的生命中汲取创造的活力,又从现实生活中发掘数学创造的动力和源泉。在大众面前,这类数学家是可敬可亲的,是值得景仰的。他们的人格的魅力不仅影响着广大数学工作者,也影响着千百万普普通通的群众,使人们受到品格、情操、道义上的陶冶和感染,转化成精神文明的组成部分。希尔伯特作为这一类数学家的代表人物,他的人格的魅力就在这里。

希尔伯特的思想观念和品德,是全人类的宝贵精神财富。数学发展中难得希尔伯特这样的人物,也更需要这样的人物。中国的数学发展,也需要自己的"希尔伯特"。中国的科学传统中,既有把"数学"理解为"算术",强调其功利、实用、技艺性质的倾向,又有强调事物之间有机联系的"有机自然观"的倾向。换言之,既有出现自己的"希尔伯特"的不利条件,又有其有利条件。改革开放的社会环境,中西文化的进一步交流,教育改革和科学技术事业的发展,应该说为中国的"希尔伯特"的产生和成长创造了越来越有利的条件。在中国数学界,具有类似希尔伯特的思想观念和精神气质的数学家也为数不少。但是,造就希尔伯特这样的伟人,仍然是中国数学界应为之奋斗的目标。当代数学大师陈省身先生曾预言,21世纪将是中国数学界在世界上发挥重大影响的世纪。到那个时候,中国的"希尔伯特"应该以更杰出的贡献、更高尚的人格、更有特色的思想方法,出现在世人面前。

  我们期待着。

主要参考文献

[1] 康斯坦西·瑞德.希尔伯特[M].袁向东,李文林,译.上海:上海科学技术出版社,1982.

[2] 吴文俊.世界著名科学家传记:数学家Ⅰ[M].北京:科学出版社,1990.

[3] 中国科学院自然科学史研究所数学史组、中国科学院数学研究所数学史组.数学史译文集[M].上海:上海科学技术出版社,1981.

[4] 中国科学院自然科学史研究所数学史组,中国科学院数学研究所数学史组.数学史译文集续集[M].上海:上海科学技术出版社,1985.

[5] 戴维斯 P J,赫什 R.数学经验[M].王前,俞晓群,等译.南京:江苏教育出版社,1991.

[6] 梁宗巨.世界数学史简编[M].沈阳:辽宁人民出版社,1980.

[7] 克莱因 M.古今数学思想:第四册[M].上海:上海科学技术出版社,1981.

[8] 鲁又文.数学古今谈[M].天津:天津科学技术出版

社,1984.

[9] 袁小明.世界著名数学家评传[M].南京:江苏教育出版社,1987.

[10] 张奠宙,赵斌.二十世纪数学史话[M].上海:知识出版社,1984.

[11] 华清白水.数学家小辞典[M].上海:知识出版社,1987.

[12] 伊夫斯 H.数学史概论[M].欧阳绛,译.太原:山西人民出版社,1986.

[13] 傅世侠.科学前沿的哲学探索[M].沈阳:辽宁人民出版社,1983.

[14] 皮亚杰.发生认识论原理[M].北京:商务印书馆,1981.

[15] 里凡诺娃 A.三种命运[M].徐宗义,译.西宁:青海人民出版社,1980.

[16] 张锦文.集合论与连续论假设浅说[M].上海:上海教育出版社,1980.

[17] 斯特洛伊克 D J.数学简史[M].北京:科学出版社,1956.

[18] 张家龙.公理学、元数学和哲学[M].上海:上海人民出版社,1983.

[19] 梁宗巨.数学历史典故[M].沈阳:辽宁教育出版社,1992.

[20] 胡作玄,赵斌.菲尔兹奖获得者传[M].长沙:湖南科学技术出版社,1984.

[21] 徐迟.哥德巴赫猜想[N].人民日报,1978-02-17.

[22] 斯蒂恩 L A.今日数学[M].上海:上海科学技术出版社,1982.

[23] 徐利治,王前.数学与思维[M].长沙:湖南教育出版社,1990.

[24] 李汉林.科学社会学[M].北京:中国社会科学出版社,1987.

[25] 丹皮尔 W C.科学史及其与哲学和宗教的关系[M].李珩,译.北京:商务印书馆,1987.

[26] 自然杂志社.科学家传记[M].上海:上海交通大学出版社,1985.

[27] 赵鑫珊.科学 艺术 哲学断想[M].北京:三联书店,1985.

[28] 李泽厚.批判哲学的批判[M].北京:人民出版社,1979.

[29] 马忠林,王鸿钧,孙宏安,等.数学教育史简编[M].南宁:广西教育出版社,1991.

[30] 鲁迅.呐喊[M].北京:人民文学出版社,1979.

[31] 阿里安.亚历山大远征记[M].北京:商务印书馆,1979.

[32] 克拉默 E.大学数学[M].周仲良,舒玉昌,编译.上海:复旦大学出版社,1987.

[33] 邓东皋,孙小礼,张祖贵.数学与文化[M].北京:北京大学出版社,1990.

[34] KAPUR J N. 数学家谈数学本质[M]. 王庆为,译. 北京：北京大学出版社,1989.

[35] 周金才,梁兮. 数学的过去、现在和将来[M]. 北京:中国青年出版社,1982.

[36] 戈丁 L. 数学概观[M]. 胡作玄,译. 北京:科学出版社,1984.

[37] 波耶 K B. 微积分概念史[M]. 上海:上海人民出版社,1977.

[38] 胡作玄. 第三次数学危机[M]. 成都:四川人民出版社,1985.

[39] 数理哲学译文集[M]. 北京:商务印书馆,1988.

[40] 丹齐克 T. 数,科学的语言[M]. 苏仲湘,译. 北京:商务印书馆,1985.

[41] 贝尔 E T. 数学精英[M]. 徐源,译. 北京:商务印书馆,1991.

[42] 克莱因 M. 古今数学思想:第三册[M]. 上海:上海科学技术出版社,1980.

后 记

《希尔伯特——探索数学的生命》一书的写作,是以尽可能轻松活泼的文风,面向社会大众,叙述伟大数学家思想方法的一种努力。我尝试以这种写作风格编写这本书,曾受到李醒民先生倡导"哲人科学家"研究的思想启发,并得到他的鼓励、指引和帮助,对此一直怀有深深谢意。在人工智能迅速发展的时代背景下,就阅读这本书的必要性而言,我想再谈几点心得体会。

其一,现在看来,对"哲人科学家"的研究仍然具有重要理论价值和现实意义。我们现在提倡学习科学家精神,不仅要学习科学家的强烈事业心和奉献精神,也要学习他们的思想方法,其中就包括像希尔伯特这样的大数学家对数学本质特征的深刻理解,在数学研究中解决疑难问题的巧妙思路和卓越洞察力,以及将科学文化与人文文化融为一体的难得思维品质。单纯强调数学的工具属性,在学习和运用数学时忽视数学的"生命",是很难培养出创造型人才的。希望这本介绍希尔伯特数学思想方法的小书,能够为当代正在学习和应用数学的年轻学者提供这方面相应的思想资源。

其二，以轻松活泼的文风介绍大数学家的思想方法，可能比较适合现代读者了解大数学家思想方法需要。面向普通读者，如果用很专业的语言介绍大数学家的成就和思想方法，肯定收效甚微。人们需要的是基于阅读深入浅出的表述理解大数学家杰出成就的思想内涵和社会影响，这对于作者来说是一个挑战。我在这上面投入了不少精力，现在看来是值得的。希望能有更多学者也来尝试一下这方面的科普工作，使年轻学子改变对数学枯燥无味的刻板印象，能够从数学的"生命"中汲取思想营养，在推动数学研究和应用中不断取得新成就。

其三，当下已经进入人工智能时代，越来越多的人习惯于浏览网站、读电子书、在互联网上搜索各种问题的答案，现在还有必要读这种纸质版的小书吗？我一直觉得，如果想通过阅读提高思想修养、丰富文化底蕴、增长智慧才能，静下心来读有益的纸质版图书可能效果更佳。网上浏览的信息大多是碎片化的，需要有一个基本的思维框架消化整理，而调动人的整体知识积累和体验的深度阅读才能提供这样一个思维框架。如果读者有兴趣，不妨上网搜一下"希尔伯特""探索数学的'生命'"，看一下能够搜到一些什么信息，会不会有"碎片化"的感觉，以及会不会看到一些不着边际的议论。这时候再对照一下阅读本书，应该有不一样的感受。

其四，在着手创作这本小书之际，我参阅了大量涉及希尔伯特生平和思想方法的著作与文献。为确保行文流畅、风格统一，书中引用的内容未逐一标注详细出处，所有引用或参考过的资料都详尽地罗列在参考文献部分。在此，我要向每一位在本书创作过程中,给予支持、助力与启迪的学者以及编辑同仁,致以诚挚的谢意。

王　前

2025 年 1 月 5 日